DEUTSCHLAND

ffhausen

Thur

Frauenfeld

Bodensee

Winterthur

Zürich
Küsnacht

Herisau

St. Gallen

Appenzell

Zürichsee

ÖSTERREICH

Zug

Walensee

LIECHTENSTEIN

Zuger See

valdstättersee

Glarus

Bad Ragaz

arnen

Altdorf

Chur

Z

Davos

Vorderrhein

Engadin

St. Gotthardpass

St. Bernardino

St. Moritz

Locarno

Bellinzona

Lugano

Luganer See
Lago di Lugano

ITALIEN

© Priska Ketterer, Luzern

Iso Camartin, geb. 1944, ist Literatur- und Kulturwissenschaftler, Philosoph, Schriftsteller und Literaturkritiker. Für seine zahlreichen Bücher wurde er mehrfach ausgezeichnet. Einem breiten Publikum wurde er als Moderator der Sendung «Sternstunde Kunst» im Schweizer Fernsehen bekannt. Von 2000 bis 2003 leitete er die Kulturabteilung beim Schweizer Fernsehen DRS. Seit 2004 ist er verantwortlich für die «Opernwerkstatt» am Opernhaus Zürich. Bei C. H. Beck sind von ihm erschienen: *Bin ich Europäer?* (2006) und *Die Geschichten des Herrn Casparis* (2008).

SCHWEIZ

«DIE DEUTSCHEN UND IHRE NACHBARN»
– unter diesem Titel geben Helmut Schmidt und
Richard von Weizsäcker gemeinsam eine auf zwölf
Bände angelegte Reihe heraus, die den Deutschen
Geschichte, Politik, Gesellschaft und Kultur unserer
europäischen Nachbarländer vorstellt. Ausgewiesene
Kenner portraitieren darin auf ebenso persönliche
wie informative Weise das Land, in dem sie leben
oder das ihnen in oft jahrzehntelanger Beschäftigung
besonders vertraut geworden ist.

Die Schweiz unserer Vorstellung ist das Land des
Matterhorns und Wilhelm Tells, der idyllischen Seenlandschaften, der Taschenmesser und Uhren, der
Schokolade und des Käses. Iso Camartin gewöhnt
uns in seinem Buch an den Gedanken, dass es diese
Schweiz gar nicht gibt und nimmt uns mit auf eine
Reise durch seine Heimat: mit der Bahn, im Flugzeug, zu Fuß und mit einer Zeitmaschine, die uns in
die konfliktreiche Vergangenheit des Landes zurückversetzt.

12 ABBILDUNGEN, 2 KARTEN

ISO CAMARTIN

SCHWEIZ

C.H.BECK

HERAUSGEGEBEN VON
Helmut Schmidt und
Richard von Weizsäcker

FÜR MEINE FRAU,
DIE ICH AUS DEUTSCHLAND IN DIE SCHWEIZ
ZU LOCKEN VERMOCHTE, –
ZWAR NICHT GANZ,
ABER IMMER WIEDER.

Zum ersten Mal seit vielen Jahrhunderten herrscht heute Frieden in Europa. Aus freiem Willen und ohne Zwang von außen haben wir uns als Nationen auf einen unumkehrbaren Weg gemacht, der weltweit ohne Beispiel ist. Im Jahre 1950 begann die europäische Integration zwischen sechs Ländern. Inzwischen hat sie sich zu einer Union von 27 Ländern entwickelt. Die Hälfte der Mitgliedsstaaten hat heute eine gemeinsame Währung.

Für Europa gab es auf diesem Weg große Erfolge und in Verbindung mit ihnen neue Schwierigkeiten. Immer mehr Länder suchten die Mitgliedschaft und wurden aufgenommen. Umso deutlicher wurde der dringende Bedarf nach gemeinsamer europäischer Handlungsfähigkeit, bis hin zum Fernziel einer gemeinsamen Außenpolitik. Zuletzt haben dies die Auseinandersetzungen um eine europäische Verfassung deutlich genug gezeigt.

Für eine weitsichtige politische Führung spielt das Bewusstsein der Bürger in unseren Ländern eine prägende Rolle. In Europa leben zahlreiche Völker mit ihrer zum Teil über tausendjährigen Geschichte. Sie haben vielfältige gemeinsame kulturelle und religiöse Wurzeln und sind zugleich durch eigenständige Sprachen und Heimatgefühle gekennzeichnet. Die Bildung eigener Nationen ist dabei zu einem Charakteristikum des europäischen Kontinents geworden.

Unsere Reihe «Die Deutschen und ihre Nachbarn» soll einen Beitrag dazu leisten, das Verständnis für die jeweiligen Nachbarländer in Europa zu vertiefen. Dies gilt vor allem für uns Deutsche, die wir neun unmittelbare Nachbarnationen haben, mit denen wir heute zum ersten Mal in unserer Geschichte zusammenleben, ohne uns gegenseitig zu bedrohen. Ein besseres Verständnis unserer Nachbarn hilft uns auch, uns selbst besser einzuschätzen, indem wir uns durch die Augen unserer Nachbarn betrachten und uns vergegenwärtigen, welche historischen Erfahrungen sie mit uns gemacht haben.

Es geht uns in unserer Reihe darum, der Leserschaft auf knappe und anschauliche Weise Einblick in Politik, Gesellschaft und Kultur der jeweiligen Nachbarländer zu geben. In ihren nationalen Besonderheiten wird dadurch auch ihr Verhältnis zu Deutschland besser verständlich. Es gilt, zu erkennen, was das nachbarliche Gemeinwesen ausmacht und in seinem Inneren zusammenhält, aber auch, welchen besonderen Herausforderungen es ausgesetzt ist. Dabei spielt die Geschichte eine besonders wichtige Rolle. Sie bedarf dort, wo sie Land und Leute bis heute nachhaltig prägt, der Erinnerung auch über die Landesgrenzen hinweg.

Es ist nicht das Ziel unserer Reihe, lexikalisches Grundwissen zur politischen Bildung zu vermitteln. Uns geht es vielmehr um lebendige Anschauung der Lebensverhältnisse bei den Nachbarn, auch um unsere Kenntnisse über das hinaus zu vertiefen, was wir auf vielerlei Reisen in uns aufnehmen. Es gilt, uns auch von mancherlei Vorurteilen untereinander zu befreien.

Wir freuen uns, dass hervorragend ausgewiesene Kenner für «Die Deutschen und ihre Nachbarn» zur Feder greifen und ihr in Jahrzehnten erworbenes Wissen weitergeben. Wir sind dankbar dafür, dass hier Publizisten und Wissenschaftler zusammenwirken und uns ihre unterschiedlichen Einsichten nahebringen. Gerade ihr persönlicher Blickwinkel erscheint uns besonders reizvoll.

Die Bände dieser Reihe zeigen uns, dass Europa weit davon entfernt ist, sich in eine Monokultur zu verwandeln. Es gilt, seine reichen historisch-kulturellen Ressourcen in unserem Jahrhundert für ein geeintes Europa politisch fruchtbar zu machen. Herausgeber und

Autoren verbindet die Überzeugung, dass der Weg zu einem wirklich handlungsfähigen und starken Europa nur durch vertiefte Kenntnisse über unsere europäischen Nachbarn und über uns selbst erfolgreich zurückgelegt werden kann.

Sie wollen in die Schweiz ziehen? Seien Sie herzlich willkommen! Doch sind Sie sicher, dass es die Schweiz Ihrer Vorstellung überhaupt gibt?

Manche halten die Schweiz für ein Gelobtes Land, wo Milch und Honig fließen, wo alle reich sind, in Frieden miteinander leben, gesunde Luft atmen und abends früh schlafen gehen, um morgens wieder fit zu sein für den neuen Tag. Das Bild, das die meisten von der Schweiz haben, ist idyllisch, ein bisschen kitschig und ziemlich oberflächlich. Vermutlich ist das unvermeidlich. Denn kleine Länder haben das Schicksal, gleichzeitig bewundert und mit Nachsicht behandelt, etwas von oben herab nicht ganz für voll genommen zu werden. Aber auch kleine Länder können komplex, schwer zu durchschauen und eigenwillig sein. Wer versteht schon ganz ein Land und die Menschen, die sich diesem Land zugehörig fühlen?

LA SUISSE N'EXISTE PAS

Auf der Weltausstellung in Sevilla im Jahr 1992 musste, wer in den Pavillon der Schweiz wollte, schwarz auf weiß lesen: «La Suisse n'existe pas!» Das war eine listige und äußerst erfolgreiche Mitteilung an die Welt, dass es jene Schweiz, wie sie in den Köpfen der meisten Zeitgenossen ausschaut, sogar der Schweizerinnen und Schweizer selbst, gar nicht gibt. Für Aufregung sorgte dieser Satz darum auch weniger im Ausland als in der Schweiz. Parlamentarier der patriotischen Richtung liefen Sturm gegen diese Denk-Provokation und wollten verhindern, dass ein Pavillon der Schweiz mit einem derartigen Motto eröffnet werde. Man sprach von Verunglimpfung, von Nestbeschmutzung und gar von Landesverrat. Dabei war es eine äußerst kluge und werbewirksame Einsicht einiger Künstler, die wussten, dass eine ironische Provokation mehr Leute neugierig macht auf ein kleines Land als lautstarke Angeberei und plumpe Großtuerei.

Es war dies eine Absage an die Schweiz der politischen Mythen, wie sie oft in patriotischen Reden vorkommt. Die Schweiz als «Sonderfall», als «Willensnation», als Insel der Unabhängigkeit und Neutralität, die Heidi-Schweiz und die Wilhelm-Tell-Schweiz, die Schweiz der ewigen Gletscher und der Alpenrosen, der glücklichen Bergbauern und der Soldaten an der Grenze eines feindlichen Europas, aber ebenso die Schweiz der Sackmesser und der Uhren, der Schokolade und des Käses, und natürlich: die Schweiz der geheimen Kontonummern: Diese sattsam herumgebotene Schweiz der Klischees, der Legenden und der Vorurteile existiert wohl wirklich nur in den Mythen und sieht in Wirklichkeit ganz anders aus. Mit dem Spruch «La Suisse n'existe pas!» rüttelte der Künstler Ben Vautier an einem eingefahrenen Selbstverständnis, das dringend nach Überprüfung und Modernisierung verlangte. Und er tat es so klug und so frech, dass er die Klugen und Frechen sofort auf seiner Seite hatte. Sie werden natürlich in eine Schweiz ziehen, die es wirklich gibt. Und von mir möchten Sie erfahren, was man denn wissen sollte über dieses Land und seine Bewohner, bevor man leichtsinnig das eigene Land verlässt und in ein anderes zieht. Ich schildere Ihnen die Lage der Dinge gern. Freilich so, wie ich sie sehe und erlebe. Und dies ist nicht mit Gewissheit die Sicht eines Landes, die sich mit jener der Mehrheit deckt.

Es gibt keinen Mangel an Büchern über die Schweiz. In einer kleinen Literaturliste am Schluss meiner Gedanken werden Sie einige Titel aus jüngerer Zeit finden, die Sie mit den vielen Aspekten dieses Landes vertraut machen.

Sie haben es freilich gut. Man lockt Sie in die Schweiz mit einem beneidenswerten Angebot. Man will, dass Sie kommen und hier tätig sind. Sie sind gewünscht und begehrt. Das macht so vieles leichter für Sie. Denn wer ungefragt in die Schweiz will, hat es nicht so leicht. Auch hier ist man gegenüber ungebetenen Gästen misstrauisch. Zumal wenn sie nicht zu den Wohlhabenden gehören und um Hilfe und Beistand ersuchen, nach Arbeit und Sicherheit verlangen. Die Aufnahmebedingungen für Arbeitsuchende sind streng geregelt. Wer auf den ersten Blick nichts zu sein und nichts zu haben scheint, wird skeptisch betrachtet. Nach dem Zweiten Weltkrieg, als die Wirtschaft in der Schweiz wie in vielen Ländern Europas aufblühte, brauchte man Leute. Max Frisch hat später die berühmte Formel geprägt, man habe Arbeitskräfte gebraucht und es seien Menschen gekommen. Mit Letzteren hat man seine Mühe gehabt, bis sie zu solchen wurden, die unauffällig genug dazugehörten. Heute sind gut zwanzig Prozent der Wohnbevölkerung der Schweiz Ausländer. Also jeder fünfte! Freilich sind die Nichtschweizer nicht gleichmäßig übers Land verteilt. In ländlichen Regionen kann der Ausländeranteil sehr gering sein, in Genf dagegen ist er nahe an die vierzig Prozent. Das sorgt für Konflikte, aber auch für großartige kulturelle Herausforderungen. Immer wieder führt dieser hohe Anteil an Ausländern in der Schweiz zu internen Debatten, manchmal gar zu hässlichen Aus- und Abgrenzungen. Doch was würde mit der Schweiz geschehen, wenn unsere ausländischen Arbeitnehmer von einem Tag zum anderen Abschied nehmen und in ihr Ursprungsland zurückreisen würden? Manche Betriebe müssten sofort schließen. Die wirtschaftliche Stabilität käme mehr als nur ins Wanken. Schweizer, die nachdenken, sind den europäischen Nachbarländern, aber auch ferner liegenden Herkunftsgebieten ewig dafür dankbar, dass ihre Leute aufgebrochen und zu uns gezogen sind. Tausende sind inzwischen zu Schweizern geworden, sie prägen dieses Land mit. Und sie sorgen für eine reiche kulturelle Vielfalt, für die Buntheit sowohl der Märkte wie der Sitten und Gebräuche. Wenn Sie das nächste Mal in Zürich sind, besuchen Sie einmal an einem Samstag Morgen den Markt von Oerlikon, einem Stadtteil von Zürich. Da ist vor Ihren Augen in schönsten Farben ausgebreitet, was dieses Land dem Norden und dem Süden, den Ländern ums Mittelmeer und auch noch fernab liegenden östlichen Regionen verdankt. Die Schweiz ist durch die Anwesenheit der Menschen aus fremden Nationen um sehr viel lebenswerter, saftiger, würziger und farbiger geworden.

DIE SCHWEIZ UND EUROPA

Von außen mag es manchmal so aussehen, als sei die kleine Schweiz ein störrisches und eigensüchtiges Gebilde, das vor allem an sich denkt und den Kontakt sogar mit den allernächsten Nachbarn scheut. Es ist wahr: Die Geschichte hat uns Schweizer nicht zu waghalsigen Abenteurern und Eroberern fremder Gebiete ausersehen und geformt. Was nach Großmacht ausschaut, schreckt uns eher. Zentralismus ist ein hässliches Wort im helvetischen Vokabular. Wir geben Kompetenzen ungern ab, vor allem nach oben. Man delegiert nicht, was man selber besorgen kann. Darum herrscht auch ein angeborenes Misstrauen gegen die Verwalter der Macht. Entscheidend sind nicht in erster Linie die Überzeugungen der Politiker und der Meinungsmacher. Entscheidend ist, für welche Lösungen man an der Urne bei Abstimmungen eine Mehrheit bekommt. Es mag manchmal so aussehen, als seien die Schweizer unkooperative und selbstgefällige Europäer, als hätten sie sich darauf spezialisiert, das Geld von Steuerflüchtlingen zu verwalten und zu mehren. Das ist ein ziemlich schiefer Eindruck. In mancher Hinsicht ist die Schweiz europäisch integrierter als Länder, die zur Europäischen Union gehören. Wirtschaftlich ist die Schweiz kein Fremdkörper im europäischen Umfeld. Und kulturell schon gar nicht. Für die Kultur, für die Kunst, für den Austausch von Ideen und Erfindungen sind Landesgrenzen leicht passierbare Schranken. Künstlerinnen und Künstler haben dies immer gewusst und darum auch praktiziert. Ihre konstitutionelle Unzufriedenheit mit dem an Ort und Stelle Bestehenden hat sie immer schon hinausgetrieben über das eigene Land und über die eigenen Grenzen. Umgekehrt hat Neugierde fremde Künstlerinnen und Künstler seit Jahrhunderten auch in die Schweiz gelockt. Die sprachliche Vielfalt der Schweiz, die eine national orientierte Einheitskultur gar nicht zuließ, ist im Lauf der Jahrhunderte zu einem Begegnungsraum für Menschen unterschiedlichster Orientierungen geworden. Bedenken Sie einmal, dass Menschen wie Voltaire, Büchner, Bakunin, Strawinsky, Nabokov oder Canetti in die Schweiz gekommen sind: Dadurch, dass sie da waren, haben sie das Land geöffnet, europäischer gemacht, die Zirkulation von Gedanken und Visionen gefördert. Und das Land ist auch durch sie ein anderes und «eigenes» Land geworden.

Wahlplakat der von Christoph Blocher geführten SVP für die Schweizer Nationalratswahlen vom Oktober 2007

Eigensinn kann gefährlich sein. Wer stur beim Eigenen bleibt, kapselt sich ab vom Lebensstrom. Am Ende verdorrt er. Dennoch scheinen heute jene, welche den politischen Alleingang predigen, auf die Sympathie der verunsicherten Eidgenossen zu stoßen. Der Rechtspopulismus hebt gegenwärtig stolz sein Haupt in der Schweiz. Jene Partei, die sich nicht scheut, in ihrer Propaganda Gruppen von Ausländern als schwarze Schafe zu kriminalisieren, die in eidgenössischen Landen nichts zu suchen haben und lieber heute als morgen in ihre alte Heimat wieder zurückgeschafft werden sollen, findet Gehör und Anhängerschaft. Man scheut sich nicht, im politischen Abstimmungskampf eindeutig rassistische Bilder zu verwenden und zeigt Arme und Hände anderer Hautfarben, die gierig nach dem roten Schweizerpass greifen. Man scheut sich nicht, bedauerliche Einzelfälle nicht gelingender Integration und krimineller Machenschaften zur generellen Bedrohung für Land und Leute zu stilisieren und fördert damit in unverhohlener Art nationale und rassistische Vorurteile. Hässliche ausländerfeindliche Töne sind inzwischen auch in der Schweiz unüberhörbar geworden. Und jene, die solche Töne von sich geben, gerieren sich dabei nicht ungern als die vorbildlichen Patrioten und Demokraten, ja als die «Stimme des Volkes».

DIE SCHWEIZ DER MYTHEN UND TRÄUME

Die Schweiz kann man aber nur begreifen, wenn man den Jahrhunderte dauernden Austausch über Landesgrenzen hinweg im Auge behält. Das ist im Folgenden auch mein Anliegen. Sie haben Auskunft über die Schweiz gewünscht von jemandem, der kein Politiker, kein Jurist, kein Wirtschaftsfachmann, kein Historiker, kein Journalist und schon gar kein Mann der Werbebranche ist. Ich bin Philologe, nicht als akademischer Forscher, sondern als essayistischer Fabulierer – und das heißt: ich habe eine besondere Liebe zu den «Logoi» – zu Worten und Wörtern, zu den Sprachen und zu allem, was man mit der Sprache und Sprachbildern anstellen kann. Für mich ist die reale Schweiz wichtig, aber ebenso wichtig ist die Schweiz der Visionen und der Fiktionen, ja sogar die Schweiz der Mythen und der Träume. Somit haben Sie kein Fachbuch oder Sachbuch über die Schweiz vor Augen, sondern eher ein Fahrtenbuch durch verschiedene helvetische Zeiträume. Diese kulturelle Perspektive auf die Realität ist eine Weltanschauung, die man nicht so leicht abstreift, wenn man sie über Jahrzehnte eingeübt hat. Es gibt Menschen, die haben vor allem politische und ökonomische Ziele. Und wir wollen ihre Leistungen, ihre Tatkraft und ihre Erfolge nicht gering schätzen.

Man kann das Leben aber auch unter dem Gesichtspunkt kultureller Gegebenheiten betrachten. Dazu gehören die Errungenschaften einer Zivilisation, die den Einzelnen zu einem freien und solidarischen Menschen heranbilden, aber auch jene, die der Gemeinschaft oder der Nation eine Selbstachtung und eine Fremdachtung verschaffen. Die Grundpfeiler der Kultur sind das Gedächtnis für die vergangenen Zeiten, die Neugier für die Erfordernisse der Gegenwart und die Phantasie für Entwicklungen in der Zukunft. Wenn ein Schriftsteller sich mit dem Phänomen Schweiz auseinandersetzt, will er nicht nur das Wissen über dieses Land erweitern. Er möchte ebenso ein Gefühl entfalten für alles, was an diesem Land liebens- und schätzenswürdig ist. Für das, was im ersten Augenblick nicht so offensichtlich ist, was nicht großspurig daherkommt und sich aufdrängt, sondern oft im Verborgenen liegt. Nietzsche, der sieben Sommer lang in Sils-Maria über das Leben und seine Zeit nachgedacht hat, behauptete, wenn es eine Rechtfertigung unseres Daseins gebe, sei es eine ästhetische. Damit wollte er gewiss auch sagen, dass das, was wir als schön und eindrücklich, erhaben und prägend erleben, unserem Leben eine Art Mehrwert zufügt, welcher unser Glück ausmachen kann. Wer über ein Land nachdenkt, soll dies kritisch tun und in einer Weise, welche die Urteilskraft schärft. Über das Land nachdenken, dem man sich zugehörig fühlt, bedeutet sehr oft, zu einer alternativen Beurteilung der eigenen Situation und manchmal sogar des ganzen Umfeldes zu gelangen. In einer ästhetisch geschärften Wahrnehmungsperspektive heißt es aber auch, die eigene Freude am Dasein zu alimentieren. Können Sie verstehen, dass es jemanden glücklich machen kann, über sein eigenes Land nachzudenken? Dass bei allen Mängeln, Unzulänglichkeiten, Defiziten und Beschämungen, die in den Blick geraten, wenn das Land, zu dem man gehört, auf dem Prüfstand ist, auch etwas Beglückendes zum Vorschein kommen kann? Ja, dass eine Dankbarkeit im Innern hochsteigen mag darüber, vom Schicksal gerade an diesen Ort hingesetzt worden zu sein?

Sie müssen hier also mit einem Schweizer vorliebnehmen, der im Alpenraum aufgewachsen ist, erst spät in seinem Leben ein Städter wurde und zu seiner Herkunftssprache und Kultur in einem Verhältnis dankbarer Anhänglichkeit steht. Gerade wenn man über die eigene Heimat schreibt, bleibt man in einer Frühprägung seltsam befangen. Ein Genfer, ein Basler, ein Tessiner oder ein Appenzeller schreibt anders über die Schweiz als ein Rätoromane aus Graubünden. Jeder bewegt sich seinen Leitwahrnehmungen entlang, wenn er etwas über sein Land sagt, das von der eigenen Person nicht ganz abgelöst und gereinigt sein soll. Ich habe in den vergangenen Jahren mich immer wieder mit den erfreulichen und gelegentlich mit den beschämenden Aspekten meines Landes befasst. Hier werde ich versuchen, die dabei empfundenen Freuden und Hoffnungen, aber ebenso die Ernüchterungen und Enttäuschungen für Sie zu ordnen und zu bündeln. Ich kann Ihnen nicht neutral und unpersönlich über die Schweiz berichten. Aber es gibt gottlob viele Bücher über die Schweiz, und jedes lohnende Buch öffnet auch zu diesem Land eine neue und eigene Türe. Treten Sie also ruhig durch meine Türe ein. Wenn Sie herinnen sind, steht es Ihnen offen, durch neue Türen ganz andere Räume zu erschließen, als die ich Ihnen zu zeigen vermag.

ALLEGRA!

Und nun möchte ich Ihnen «Allegra!» zurufen. Das ist ein Wort, das man braucht, wenn man in einem Dorf des Engadins einem freundlichen Gesicht begegnet. Sie wissen ja, Begrüßungsformeln sind konventionell. Doch gleichzeitig bezeichnen sie fürs Ohr ziemlich genau, wo man sich gerade befindet. Wer «Grüezi» hört, täuscht den anderen geographisch meistens nicht. Zwar unterliegen auch die lokal üblichen Begrüßungsformeln gewissen Globalisierungen. Ciao, in Italien ursprünglich ein Abschiedsgruss, dem das Wort «schiavo» (Sklave) zugrunde liegen soll, eignet sich in Nachbarländern auf einmal auch zur Begrüßung. So wie: Hai! Hoi! Salü! Servus! Tschüß! –

Begegnung oder Verabschiedung: das geht heute ziemlich kunterbunt durcheinander. An einen Unterwerfungsgestus denkt niemand mehr, der sich mit Ciao oder Servus verabschiedet. Es ist beinah schon eine Frage des persönlichen Stils, welche Formel man sich zur eigenen macht.

In besonderer Weise schweizerisch ist jedoch meine Wahrnehmung, wenn mich jemand mit «Allegra!» begrüßt. Das passiert zwar nicht schweizweit, doch stellt sich, wo immer ich es höre, ein schönes Heimatgefühl bei diesem Wort ein. Streng genommen ist es ja nur im Engadin und einigen Nachbartälern gebräuchlich, und zwar in der Zeitspanne, wo der Morgen vorbei und der Abend noch nicht angebrochen ist. Wie die meisten Begrüßungsformeln stammt auch diese aus der Kotauhaltung gegenüber einem «in höherer Stellung vermuteten Wesen». Hier ist es sogar der liebe Gott höchst persönlich. Denn ursprünglich lautete die Formel: «Dieu t'allegra!» – Gott soll dich erfreuen! Inzwischen hat sich Gott aus dem Vorstellungsvermögen der einander Grüßenden ins nicht mehr Wahrnehmbare zurückgezogen. Geblieben ist aber die schöne Mitteilung, dass man die zufällige Begegnung mit einem Zeitgenossen als eine Freude empfindet, und vielleicht eine gewisse Erwartung, dass es dem Gegenüber ebenso ergehe.

Charakteristisch für diesen Gruß jedoch ist die in ihm verborgene demokratische Grundhaltung. Wer Allegra sagt, hat mit Herr und Knecht, mit Unterwerfung und Huldigung nichts am Hut. Im Wörterbuch des Bündnerromanischen heißt es über diesen Gruß: «Er wird vornehmlich zwischen sozial gleichgestellten Personen gewechselt.» Wenn sich sogar der liebe Gott vornehm zurückgezogen hat aus dem Begegnungsritual der Bergler, ist an der demokratischen Qualität des Grußes nicht zu zweifeln!

Für mich kommt in diesem Gruß aber etwas Weiteres, noch Wichtigeres zum Vorschein. Die meisten von uns kennen das Wort aus der musikalischen Sprache. Mit einem «Allegro» beginnen viele Musikstücke, und viele enden auch damit. Das bedeutet tempomäßig nicht einfach «schnell». Gemeint ist mehr eine bestimmte Haltung des Voranschreitens. Es kann dies heißen: bewegt, beschwingt, heiter, fröhlich, unbeschwert, freudig voran. Ein Musiker macht zwischen einem Allegro sostenuto und einem Allegro appassionato oder gar frenetico große Unterschiede. Wie immer er voranstürmt, leidenschaftlich drängend oder unbelastet beschwingt, etwas darf dabei jedoch niemals fehlen. Es ist die Freude darüber, dass man vom Fleck kommt, dass es vorangeht, dass Aufbruch, Erwartung, neue Ziele angesagt sind. Ein Allegro ohne diese Dimension ins Offene und erst Erstrebte wäre kein richtiges. Jedes Allegro muss eine Spur freudiger Erwartung der zu bewältigenden Wegstrecke gegenüber ausstrahlen. Sonst stimmt etwas nicht.

Die Schweiz ist ein schönes, durch viele günstige Lebensbedingungen geprägtes Land. Schweizer und Schweizerinnen gelten als zurückhaltende, ernste, unaufgeregte und eher scheue Naturen. Ihre Lebensfreude ist ihren Gesichtern keineswegs an jedem Ort und zu jeder Tagesstunde abzulesen. Nun trifft man jemand, der einem sagt: «Allegra!» Und damit sagt: Du hast allen Grund, dich zu freuen! Sei heiter! Hab es leicht! Beweg dich vergnügt und lustvoll voran! Sei kein Kind von Traurigkeit! Frisch auf! Munter weiter! Es soll dir dabei gut gehen!

Was für ein schöner Gruß! Nur schade, dass so wenige Landsleute bündnerromanisch verstehen!

Seien Sie willkommen! Allegra!

I

FLÜGE UND FAHRTEN

Landschaften prägen Menschen. Und Menschen prägen Landschaften. Im Wechselverhältnis zwischen natürlichen Gegebenheiten und den in ihnen wirkenden Menschen entstehen die Grundlagen für das, was man Zivilisation nennt. Zivilisation ist so etwas wie die dem Menschen zuträgliche soziale und kulturelle Umgestaltung ihrer natürlichen Umgebung. Es ist die Fähigkeit der Menschen, sich den natürlichen Gegebenheiten anzupassen und für sich und ihre Mitzeitgenossen neue Lebensräume zu eröffnen. In diesem Umgestaltungsprozess entstehen Siedlungen und Wohngemeinschaften mit den geeigneten Wirtschaftsformen, den politischen Organisationsformen, den Praktiken und Ritualen einer Gemeinschaft zur Sicherung des Zusammenlebens. Das Erstaunliche allerdings ist, dass Menschen sich nicht nur dort erfolgreich niederlassen, wo die Natur das Siedeln und Hausen leicht macht. Auch wo die natürlichen Gegebenheiten widerborstig und schwer bezwingbar sind, richten Menschen sich ein, trotzen den Gefahren und machen die ursprüngliche Wildnis bewohnbar, menschengemäß und sogar menschenfreundlich.

DER ALPENRAUM

Der Alpenraum etwa ist alles andere als einladend zum Siedeln und Weilen. Steigen Sie einmal an einem Sonnentag in ein Flugzeug und nehmen sie aus der Luft die Alpenregion in Augenschein. Sie werden entdecken, wie lebensfeindlich die hochalpine Landschaft im

Grunde genommen ist. Den Philosophen ist dies immer wieder ein Anlass zum Staunen gewesen. So war Friedrich Nietzsche, der zwischen 1881 und 1888 einige Sommer im Engadin verbrachte, von der Erfahrung jener Grenze im Alpenraum fasziniert, hinter welcher nicht mehr das Leben, sondern der Tod herrscht. Man sei oben in Sils-Maria dem Kosmos näher als der wärmenden Erde, meinte er. Wenn Sie vom Flugzeug aus auf die Alpen blicken, entdecken Sie, dass diese Fels- und Firnlandschaft nicht für den Menschen gemacht zu sein scheint. Sie liegt da, als harre sie Größerem entgegen, als wir es sind. Wie können Menschen nur den Ehrgeiz haben, in dieser feindlichen Lebenswelt heimisch zu werden?

Es hat jedoch die Menschen immer wieder gereizt, diese unwirtlichen Alpenregionen nicht nur als Pässe und Wege in Anspruch zu nehmen, um in andere Gegenden zu gelangen, um Waren und Güter auszutauschen und Handel zu treiben, sondern ebenso, um sich im Alpenraum fest einzurichten, die Jahreszeiten zu überstehen und sich und den Seinen ein menschenwürdiges Dasein zu garantieren. Die Siedlungsgeschichte des Alpenraumes ist eine faszinierende Überlebensübung, die Jahrhunderte dauerte und bis auf den heutigen Tag vom Kampf gegen lebensfeindliche Gegebenheiten der Natur geprägt ist. Es ist immer noch da: das Undomestizierte und das Kolossale, die Masse dessen, was Menschen nicht verändern können. Zwar ist es gelungen, die Spitzen einiger der schönsten Berge mit Bahnen, Hotels und Zurichtungen der Bequemlichkeit zu versehen. Viel hat man durch technische Leistungen unserer Erfahrungslust zugänglich gemacht. Glänzende Errungenschaften des Homo faber! Doch die erhabene Größe einer Landschaft, ihre Wucht und ihre Radikalität werden erst durch die Entdeckung erfahrbar, wie unveränderbar und gleichgültig die Natur menschlichen Wünschen und Anliegen gegenüber bleibt. In dieser Unbeteiligtheit der Natur an unseren Sorgen liegt eine seltsame Garantie, dass es die Menschen doch nicht fertig bringen, durch Eigenwillen und Tollkühnheit die eigenen Lebensvoraussetzungen gänzlich zu verändern.

Vergessen Sie nicht: Einundzwanzig Prozent der Gesamtfläche der Schweiz nennen die Statistiker «unproduktiv». Über ein Fünftel dieses Landes taugt nicht zum Überleben! Und dennoch: Wer kann sich der Faszination dieser lebensfeindlichen Wirklichkeit entziehen?

NATURA LAPSA

Im christlichen Mittelalter kam die Überzeugung auf, nicht nur der Mensch sei aufgrund der ihm seit der Vertreibung aus dem Paradies anhaftenden Erbsünde ein mangelhaftes und defektes Wesen, sondern die ganze Natur leide an der Unvollkommenheit und an den Schäden einer Verdorbenheit, die dem Irdischen und Geschaffenen seit dem Sündenfall eigen sei. Allein durch die besondere Tat des Erlösungswerks Christi könnten Mensch und Natur von diesen Makeln wieder befreit werden und ihren ursprünglichen heilen Zustand erreichen. Die Theologen nannten diesen Konstruktionsfehler der Natur die «natura lapsa», die fehlerhafte und beschädigte Natur, und waren darauf bedacht, das Erdenleben als eine Reparaturwerkstatt für den entstandenen Schaden zu begreifen.

Vermutlich erscheinen uns heute diese theologischen Spekulationen weltfremd, denn wir gehen meistens davon aus, dass die Natur grundsätzlich wertfrei sei, und dass allein der Mensch sie eingreifend zum Guten oder zum Schlechten verändere. Doch wer mit der Rhätischen Bahn durch das Albulatal ins Engadin und weiter über den Berninapass nach Süden fährt, könnte leicht auf den Gedanken kommen, diese herrliche Naturlandschaft sei unvollkommen und mangelhaft gewesen, bis kluge Menschen sich entschlossen haben, durch das ansteigende Gelände eine Bahnlinie so zu legen, dass die Gegend schön und vollkommen werde. Es ist schwer vorstellbar, dass das, was hier den Landschaftsvermessern, den Brücken-, Tunnelbauern und Trassezeichnern gelungen ist, besser und schöner hätte geschaffen werden können, als wie es heute vor unseren Augen erscheint. Sie haben die Kunst beherrscht zu bauen, ohne das Geringste zu verbauen. Die kurzfristig der Natur zugefügten Wunden sind längst verheilt. Die geschmeidig sanften Linien, in denen die Bahn den Hängen entlang sich in die Höhe windet, haben einen Rhythmus und eine Eleganz, die man geradezu musikalisch nennen möchte. Mit Schönheitssinn und Wagemut, mit Einfühlung und hohem technischem Verstand haben die Pioniere des Bahnbaus hier ein Werk realisiert, das als Musterbeispiel dafür angesehen werden muss, was der Mensch in der «natura lapsa» verbessernd auszurichten vermag. Erst so wird Naturschönheit in ihrer überraschenden Wildheit und Rohheit, ihrer Sanftheit und Geschmeidigkeit, ihrer Formenvielfalt und ihrem Ausdrucksreichtum für die Reisenden erlebbar. Die Natur ist defekt und unvollkommen, gewiss! Dann kommt der Mensch mit seiner Vorstellungskraft und seinem Können und macht dem sehenden und bewundernden Auge ihre Schönheiten erst zugänglich.

IN SCHWEIZER ZÜGEN

Wenn ich Ihnen die Schweiz näherbringen soll, müssen Sie mit mir häufig in den Zug steigen. Stundenlang muss man durch Täler und Landschaften fahren, den Seen entlang, in die Berge hinauf, wieder hinunter in die Ebenen und in die Städte, um zu begreifen, was für ein Land diese Schweiz ist. Schon Kinder ahnen, wo das Glück verborgen sein könnte! Ich erinnere mich, dass in den Zug steigen, selbst wenn es nur zu den Verwandten ging, die sechs Dörfer talabwärts wohnten, ein großes Glücksgefühl in mir auslöste. Der Weg zum Bahnhof war immer verlockender als der zur Kirche, obwohl auch die Kirche für Auge und Ohr Lohnendes bot. Bahnhöfe haben zwar keine Orgeln, die die Ankommenden klangvoll begrüßen. Doch sobald sich der Zug in Bewegung setzt, ist eine ganz eigene Musik da, das schöne rhythmische Tadàm-tadàm, das unweigerlich erklingt, wenn die Räder des Waggons über die Schwellen fahren. Es ist mir heute noch in den Ohren als die verlässlichste Begleitmusik eines angebrochenen Glückstags. Ging die Reise gar über Chur hinaus, in weniger vertraute Landschaften und Städte als die

Stationen unserer Rhätischen Bahn, wurde das Abenteuer geradezu unabsehbar. Es begann im Augenblick, als man in Chur in die Unterführung hinab stieg, um in die SBB, die Schweizerische Bundesbahn, nach Zürich zu wechseln. Nur bedeutende Orte wie Chur haben Unterführungen! Wo es eine Unterführung gibt, beginnt die große weite Welt. So jedenfalls urteilte das Kind. Und wenn man dann endlich im SBB-Waggon saß, wo alles etwas breiter und größer war und darum auch vornehmer und bedeutender schien, da war man eingestimmt auf das Beste und Schönste, das die Welt zu bieten hat.

Wer mit einer von Tal zu Tal, von See zu See sich wandelnden Welt mitatmen will, muss den Zug nehmen. Und wer mit seinem eigenen Augenlicht die Schönheiten einer Landschaft berühren will, muss sich einen Fensterplatz suchen und sich vom Zug durch die Wunder der Außenwelt führen lassen. Der Zug ist das nobelste Gefährt demokratischer Zeiten. Es hat bis heute Elemente einer Staatskarosse an sich. Viele Menschen wirken im Zug, als wären sie Könige oder zumindest vornehme Beamte, die auf Visite fahren und sich vorführen lassen, wie wohlbestallt die Welt ist, die auch ihnen gehört und für die sie mit verantwortlich sind. Zugfahren kann uns Schweizer ein bisschen größenwahnsinnig machen. Vom Zugfenster aus betrachtet liegt einem die Welt irgendwie zu Füßen. Es spüren schon Kinder, wie groß und erwachsen und bedeutend sie sind, wenn sie im Zug sitzen und die Welt an ihnen vorbeidefiliert.

Ich habe mir schon in jungen Jahren zur Regel gemacht, bewusst zu entscheiden, wie ich im Zug sitzen will. Geht es auf eine Reise, bei der man auf der verbleibenden Wegstrecke noch Gedanken und Ideen einsammeln und fassen muss, wie man am besten sein Tagesgeschäft erledigt, so sitze ich, dass meine Augen in Fahrtrichtung des Zuges blicken, um den entgegenkommenden Ausschnitt der Welt gleich im Bewusstsein zu haben. Es ist die Erobererhaltung, die in diesem griffigen Zufahren auf das Neue sich manifestiert. Fahre ich hingegen ins Blaue, ins Leichte und ins Freie, sitze ich immer so, dass die Welt sich nicht rasant und eindringlich auf mich zu bewegt, sondern sanft in der Ferne sich entzieht. Eher eine Entdeckerhaltung. Nichts Schöneres, als zu erleben, wie die Formen und die Farben der Außenwelt durch schnelles Sichentfernen weich und rund werden, wie eine schön geschwungene Kurve des Zuges sie dem Anblick allmählich entzieht, elegant wie ein leise sich schließender Vorhang im Opernhaus. Oft bleiben die Gedanken bei dem nicht mehr Sichtbaren hängen. Erst ein starker neuer Eindruck, der sich dem Auge anbietet, holt uns wieder zurück in die reale Wirklichkeit. Darum sehen so viele Menschen im Zug verträumt und geradezu anderswo weilend aus. Sie sind noch bei den Dingen, die sie gerade aus dem Blick verloren haben. Das macht die Menschen wohltuend unhektisch, duldsam und beinahe liebenswürdig.

MIT DER RHÄTISCHEN BAHN VON CHUR INS ENGADIN

Ich bin abgeschweift. Doch jetzt sitzen Sie neben mir und wir fahren von Chur aus ins Engadin. Dafür besteigen wir in Chur die Rhätische Bahn. Diese Bahnstrecke ist bezüglich bautechnischer Lösungen und der Harmonie zwischen Natur und gestaltendem Eingriff ein Paradestück. Hier erlebt man von Brücke zu Brücke die Herausforderungen durch die Natur und die Antworten, die der aus den Gegebenheiten Nutzen ziehende Mensch darauf zu geben vermochte. Man entdeckt, in welches Formenspiel Landschaft, Bahn und Straße sich mit- und gegeneinander eingelassen haben, man erlebt im Aufstieg alle denkbaren Formen des Ausweichens und Ausholens, der Überbrückung und des frechen Durchstichs, der entschlossenen Bewegung und des spielerischen Umfahrens. Als Grunderlebnis bleibt der Eindruck einer glückhaften Versöhnung zwischen Natur und Mensch. Die Gewalt der Natur wird weder gebrochen noch geleugnet, ebenso wenig der Anspruch des Menschen, dieser Natur die eigenen Ziele und Interessen abzuringen. Die geglückte Annäherung an das Wilde und dessen Bändigung durch kühne technische Visionen prägen hier in nicht auszulöschender Weise unsere Wahrnehmung. Wer nach dem Besonderen der Landschaft späht, erschaut gleichzeitig jenen nicht vollendbaren Vorgang, bei dem Natur und Mensch wie in einem Balanceakt die je eigenen Kräfte miteinander in Einklang zu bringen suchen.

DER LANDWASSER-VIADUKT

Unter all den Brücken, Viadukten, Galerien, Kehrtunnels und Stützmauern dieser hindernisreichen Strecke ragt ein Wahrzeichen heraus, das durch seine Größe, Eleganz und Kühnheit verdientermaßen zum meistfotografierten Bauwerk Graubündens avancierte: der Landwasser-Viadukt. Wenn der Zug einmal Surava passiert hat und sich in forschem Aufwärtsdrang durch Tobel und felsiges Gelände

Waghalsige Konstruktion –
Der Landwasser-Viadukt in Grau-
bünden

Filisur nähert, entsteht Bewegung in den Waggons. Sie müssen sich rechtzeitig auf die rechte Seite begeben, um einen guten Fensterplatz zu ergattern für das bevorstehende Schauspiel. Schon erblicken Sie in Fahrtrichtung Pfeiler und Bögen, die zu einer vertikalen Felswand führen. Diese verschwinden zwar wieder, doch sobald der Zug sich in einer weitgezogenen Rechtskurve zu neigen beginnt, hat man das Wunder plötzlich vor Augen. Von den sechs groß geschwungenen Bögen sehen Sie zwar nicht alle aufs Mal, doch ist man einmal auf dem Viadukt und lässt den Blick in die Tiefe gehen, erschauern auch schwindelfeste Menschen vor der Waghalsigkeit, welche die Konstrukteure hier an den Tag legten. Im Taumel über so viel Mut und in kühnem Trotz beginnt man erst im Tunnel sich auszumalen, was es um 1898 bedeutet haben mochte, ein so atemberaubendes Bauwerk in diese wilde Schluchtenlandschaft zu platzieren.

Wer wie ich in den Alpen aufgewachsen ist, vergisst nicht, dass jeder Versuch, Gelände für die Ziele des Menschen zu gewinnen, mit Risiken, Gefahren und Opfern verbunden war. Es brauchte die vielfältigsten Sicherheitsmaßnahmen, um sich gegen die unberechenbaren Launen der Natur vorzusehen. Die Geschichte dieser Bahnstrecke ist auch eine von Abwehrmaßnahmen gegen Hochwasser, Steinschlag, Erdrutsch, Lawinenniedergänge und andere unberechenbare Naturphänomene, die von einem Augenblick zum anderen die schöne Landschaft in eine Hölle verwandeln konnten. Sicherheit musste von Anfang an höchste Priorität haben. Heute sind die technischen Möglichkeiten zur ganzjährigen Sicherung und Kontrolle der Bahnstrecke enorm verfeinert. Doch wie oft haben die Verantwortlichen gezittert, wenn sie in einem Wintersturm stecken blieben. Ein Restrisiko bleibt bis heute – hier so gut wie anderswo. Das spüren die Passagiere instinktiv bei der Fahrt über Viadukte und Brücken, wenn ihr Blick für einen kurzen Augenblick den schaurigen Abgrund einer Schlucht streift.

Erst wenn der Zug den langen Albulatunnel verlässt, dem Bergbach entlang Richtung Bever fährt und dort in einer Rechtskurve in jenes Längstal einbiegt, das zu den bemerkenswertesten Gebieten des Alpenraums gehört und das wir Engadin nennen, spüren wir: Hier ist man im Tal bereits auf der Höhe. Natürlich ist dieses Tal nochmals von hohen Bergen und weißen Gipfeln umsäumt, doch diese darf man ruhig denen überlassen, die ganz hoch hinaus wollen. Hier erlaubt schon die großzügig offene Ebene, durch die der Inn fließt, eine gesteigerte Wahrnehmung der Wirklichkeit. Es herrscht eine besondere Grundstimmung, eine andere Lichtqualität, ein anderes Lebensgefühl. Woran mag es liegen?

MUOTTAS MURAGL

Seit langem rätselt man an den besonderen Luft- und Lichteigenschaften dieser Region herum. Augenspezialisten haben behauptet, die Pupillen würden sich hier im Hochgebirge in eigenartiger Weise weiten. Die Wirklichkeit erscheine dem Auge in einer Klarheit und Transparenz wie nirgendwo sonst. Viele Besucher des Engadins berichten von einem eigenartigen Höhentaumel, der sie hier schon auf 1800 Metern über dem Meer befällt. Es sind seit der Mitte des 19. Jahrhunderts, der Frühzeit des Tourismus, Künstler und Exzentriker aller Nationen und Länder im Sommer und Winter hierher gepilgert, um das Erlebnis einer Landschaft zu haben, die nicht nur äußerlich vorhanden ist, sondern schnell und unwiderstehlich auch zu einer Seelenlandschaft wird.

Wer einmal an einem lichtdurchtränkten Vormittag auf Muottas Muragl hinaufsteigt und von dort die ganze oberengadinische Seenplatte in der Morgensonne vor seinen Augen ausgebreitet sieht, wird sich der Besonderheit dieser Gegend bewusst. Kein Wunder, dass in dieser Region so viele Maler ihre Inspirationen geholt haben. Giovanni Segantini, der nicht weit von hier sein berühmtes Triptychon malte, das man in dem nach ihm benannten Museum in St. Moritz besichtigen kann, hat von den «Akkorden einer alpinen Schöpfung, zusammengesetzt aus Tönen und Farben» gesprochen, deren Zusammenklang erst die richtige Vorstellung von Schönheit ergebe. Oder er beschwor ein «Ahnen von Licht, das alles zusammenschließt und die ewige Harmonie der Alpenwelt bildet». In diesen Sätzen spürt man, wie ein Bildkünstler nach Worten ringt, um einen Lichtzauber zu beschwören, den nur das Auge adäquat erfassen kann. Ihm folgten viele, Einheimische und Fremde, im Versuch, eine Grenzerfahrung von Sehen und Ahnen auf die Leinwand zu bannen. Und dennoch: Um das Werk dieser Künstler zu begreifen, muss man erst einmal der hier herrschenden Lichtwirklichkeit ausgesetzt sein. Unverwechselbare Schönheit ist nicht reine Phantasie und Imagination. Es gibt sie, weil in der Wirklichkeit etwas vorhanden ist, das unsere Suche nach Schönheit erst weckt und antreibt.

Das berühmteste Wort über die Lichterfahrungen in dieser Region hat allerdings ein anderer gesprochen, jener geniale kranke Mann, der dort in bescheidensten Verhältnissen philosophierte, dichtete und über das Leben sinnierte: Friedrich Nietzsche. «Durchsichtig, glühend in allen Farben, alle Gegensätze, alle Mitten zwischen Eis und Süden in sich schließend» – so hat er diese Region gesehen. Wenn sich nach dem Berninapass auf einmal vor unseren Augen das Val Poschiavo öffnet, das uns ins Veltlin und nach Italien bringt, spüren wir plötzlich: Hier muss der Scheitelpunkt zwischen Norden und Süden sein. Wir stehen genau in jener Mitte, wo zwei Himmelsrichtungen, zwei Weltanschauungen und zwei Lebensarten sich berühren. Obwohl noch umgeben von höchsten Bergen, in der Nähe von Schnee und Eis, grüßt uns schon von weit her die ganz andere Welt, der Süden, das Mittelmeer, der absolute Gegensatz und Kontrast zur Alpenwelt. Und die Verse aus Nietzsches Gedicht «Nach neuen Meeren» gehen einem durch den Kopf: «Offen liegt das Meer, ins Blaue / Treibt mein Genueser Schiff.»

ALPINE KULTUR

Die Albula-Bernina-Region ist jene besondere Schnittstelle im Alpenraum, die nicht nur Wasserscheide zwischen Norden, Süden und Osten ist, sondern gleichzeitig auch das Begegnungsland und die

Kontaktregion unterschiedlicher sprachlicher und lebensweltlicher Kulturen. Graubünden ist der einzige dreisprachige Kanton der Schweiz. Heute werden die angestammten Sprachen ergänzt durch die Vielzahl jener Redeweisen, welche Zuwanderer, Gastarbeiter und Touristen mitbringen. An den Sprachgrenzen stehen keine Schlagbäume. Wörter, Vorstellungen und Verhaltensformen gehen undeklariert über die Grenzen. Je näher man sich mit der Geschichte und der Kultur des Alpenraums beschäftigt, umso deutlicher wird die Erfahrung, dass hier Süden und Norden, lateinische und germanische Kultur eng ineinander greifen und einander bereichern. Manche könnten der Ansicht sein, das Überleben einer Kleinsprache wie des Rätoromanischen verdanke sich allein der Isolation und Abgeschiedenheit von der Welt. Graubünden war jedoch seit Menschengedenken ein Pass- und Transitland. Die Einheimischen blieben nie lang nur unter sich. Zudem waren sie selbst oft begierig, ihr Glück in der Fremde zu suchen. Die faszinierende Geschichte der Auswanderung der Bündner aus ihren Tälern in weit entfernte Regionen des europäischen Kontinents und nach Übersee belegt, dass man hier weder so weltscheu wie uninformiert war, wie simpelhafte Deutungen der Heimat es manchmal darstellen.

Darum muss man die Schlagbäume, die man schon lange aus der Landschaft entfernt hat, auch aus der Kultur wegdenken. Der Kontakt mit den angrenzenden Regionen – der italienischen, der österreichischen, der deutschen – führte dazu, es nicht bei der eigenen Armseligkeit zu belassen, sondern sich zum eigenen Nutzen und Vorteil bei den anderen zu bedienen. Da gab es viel Eigenwille, das universell Geltende umzugestalten in eine zu den eigenen Verhältnissen passende Form und Gestalt. Der kulturelle Mehrwert einer sprachlich komplexen Region besteht gerade in diesem Austausch von Lebensformen und Praktiken, die dann in den Sprachen ihren unverwechselbaren Niederschlag finden. Alpine Kultur ist undenkbar ohne das, was ihr aus dem germanischen und dem italienischen Lebensraum zugeflossen ist. Dennoch besteht sie keineswegs aus lauter Kopien fremder Vorbilder. So viel Eigenwille und Phantasie herrschte in den Köpfen der Bewohner, dass sie für den Eigengebrauch sich nicht mit faden Dubletten begnügten. Kulturaustausch ist ein lebensnaher Vorgang. Darin verschmelzen die Eigenbedürfnisse auf überraschende Art und Weise mit den Gegebenheiten, die von außen einströmen.

Sie spüren bereits: Ich habe als alpiner Mensch eine ganz besondere Zuneigung zur Betrachtung der Natur aus der Sicht ihrer beinah gelungenen Domestizierung. Genau dies erfährt man am allerbesten, wenn man die Schweiz aus dem Zug kennen lernt.

VON DER INNERSCHWEIZ ÜBER DEN GOTTHARD NACH SÜDEN

Ich möchte Sie auf eine zweite Fahrt durch die Schweiz mitnehmen. Bitte verübeln Sie es mir nicht, wenn ich dabei ins Philosophieren und ins Schwärmen gerate. Bekanntlich sind Raum und Zeit die Urrätsel, die uns umgeben. Jeder ergründet sie auf eigene Art, indem er aufbricht und die Welt durchschreitet, durchfährt und durchfliegt, um irgendwo sein Glück zu machen. Das Leben ist eine Reise, und wenn man Glück hat, ist diese Reise voller Abenteuer. Wer zurückkehren will an den Ort seines Aufbruchs, kommt als Verwandelter zurück. Die Zeit hat weder ihn noch die Welt um ihn herum unberührt gelassen.

Manchmal brechen wir zu einer Reise auf, um nicht zu vergessen, wie schön die Welt um uns ist. Ziel ist dann nicht, möglichst schnell von hier nach dort zu kommen. Vielmehr wollen wir erleben, wie vielgestaltig und eigenartig die uns umgebende Landschaft ist. Wir möchten sehen, was Menschen aus ihrem Lebensraum gemacht haben, aber auch, was die Natur ihrem Zugriff entzogen hat. Dafür ist der Zug die gute Art der Fortbewegung. Im Auto ist man zu eingeschlossen und mit Fragen des sicheren Durchkommens befasst. Im Flugzeug zu abgehoben und erdfern. Ein großes Fenster im fahrenden Zug ist die Perspektive, die für das Nachdenken, aber auch für das Genießen am förderlichsten ist. Wer es noch leibnaher haben will, muss sich zu Fuß auf den Weg machen. Das braucht Zeit, zumal wenn man weit kommen möchte!

Keine Strecke auf Schweizer Boden hat die Reisenden so beschäftigt, begeistert und fasziniert wie der Weg von der Innerschweiz über den Gotthard nach Süden. Sie ist landschaftlich wie bahntechnisch, historisch wie mythisch die Königsstrecke aller Alpentransversalen. In drei Stunden durchfahren Sie geographische und historische Räume, die unterschiedlicher nicht sein könnten. Und im Gotthardbahntunnel schließen wir die Augen, um über das zu träumen, was sich hoch oben auf dem Berg unter Gottes freiem Himmel ereignet haben mag. Die Reise kann beginnen!

Wer unterwegs ist aus Lust und Weltneugier und nicht aus Notwendigkeit und Geschäftssinn, ist ein Tourist. Im fahrenden Zug kommt das Unangenehme am Touristen freilich weniger zum Vorschein als im Museum, wo Horden von Menschen sich zu einem Bild vordrängen. Hier vereinzelt sich jeder schnell, sobald er sich dem zuwendet, was im Fensterausblick an ihm vorbeizieht.

DER VIERWALDSTÄTTERSEE –
DIE URLANDSCHAFT DER SCHWEIZ

Doch wer nur hinausstarrt, sieht nichts. Was da an den Augen vorüberrauscht, will im Innern des Beobachters zu sich kommen, als Bild und als Eindruck, als Gefühl und als Gedanke. Der Mann dort, am Fenster gegenüber, schaut gebannt in die Landschaft hinaus, er scheint großen Appetit auf die Welt zu haben, und schließt doch ab und zu die Augen, so als gelte es, das Gesehene in den inneren Kammern des Ichs unterzubringen und zu verwahren. Was da eindringt über Augen und Ohren, muss abgeglichen werden mit dem, was schon da ist. Die Bilder rufen Erfahrungen, Erinnerungen, früher Gelerntes und längst Vergessenes wieder hervor. Der Vierwaldstättersee mit seinen Wächterbergen Pilatus, Rigi, Bürgenstock und den noch mächtigeren Riesen mit ihren weißen Spitzen im Hintergrund: Das ist für jeden, der in diesem Land aufwuchs und zur Schule ging,

die helvetische Urlandschaft schlechthin. Alle waren wir schon in jungen Tagen hier unterwegs, in Zügen, auf Schiffen, in Postautos. Von keiner Schulklasse des Landes sind Tellskapelle, Rütliwiese, Schillerstein, Seelisberg und der Bergsturz von Arth-Goldau verschont geblieben. Es ist für Bewohner dieses Landes so etwas wie ein Besichtigungsobligatorium, das in den jugendlichen Seelen Frühprägungen der unverlierbaren Art hinterlässt. Darum haben Ein-

Helvetische Urlandschaft –
Blick vom Rigi über den Vierwald-
stättersee auf Bürgenstock und
Pilatus

heimische allesamt ein Déjà-vu-Erlebnis, wenn sie durch diese Landschaft fahren. Hier fing doch alles an! Nicht mit Adam und Eva, aber
mit dem Schützen Tell und dem Landvogt Gessler, mit Arnold von
Melchtal, Walter Fürst und Werner Stauffacher samt seiner tapferen
Stauffacherin. In Küssnacht endet die Hohle Gasse, da wurde abge-
rechnet mit dem Tyrannen, gnadenlos. Wir fahren durch Landschaften, die gesättigt sind von Mythen und Legenden, von Sagen und

dem seltsam heldenreichen Wissen, das uns die Schulbücher vermittelten. Es wird der Gewinner gedacht. Das waren wir Schweizer. Selten gedenkt man der Verlierer. Denn das waren die anderen.

Doch übersehen lässt es sich weder im Sommer noch im Winter: Diese Landschaft um den Vierwaldstättersee, die der Zug für kurze Zeit verlässt, um noch an anderen Seen entlangzufahren und in Schwyz den Anblick der beiden Mythen zu offerieren, ist von geradezu aufdringlicher Schönheit. Wenn man in Brunnen den Urnersee wieder erreicht und durch kühne Tunnels und Galerien zum oberen Ende des Sees fährt, muss man sich eingestehen, dass auch ohne patriotische Bilder im Kopf hier eine voralpine Kulisse sich auftut, der es weder an Kühnheit noch an Sanftheit mangelt. Was die Landschaft schroff trennt und voneinander abriegelt, wird erst durch einen Willen der Siedler und Bewohner verbunden und zusammengehörig. Was hier blüht und gedeiht, ist hart dem Boden abgerungen. Kleinräumig ist jede sichtbare Nutzfläche. Wenn es eine Landschaft gibt, die zu Eigenbrötelei und Isolation Anlass bietet, hier ist sie vorgeformt. Und dennoch, schon früh hat man es offenbar gemerkt, dass es besser ist, sich zusammenzutun, als es allein zu versuchen!

Der deutsche Gelehrte Johann Kaspar Riesbeck schrieb im 18. Jahrhundert: «Man muss ein Studierender von Profession sein, um in das Eigentümliche eines ganzen Volkes einzudringen.» Man möchte es ja zu gern verstehen, wie Landschaften Menschen prägen, wie sie ihre Bedürfnisse, ihren Tatendrang und ihren Ehrgeiz wecken. Aber auch, wie sie ihre Gelassenheit und ihre Zuversicht formen. Oder soll man es eher mit Robert Walser halten, der einmal meinte: «Ein Land und ein Volk wollen nicht in einem fort geschildert, dargestellt oder abgebildet werden, sondern begehren in Ruhe gelassen zu sein.» Mit der Ruhe ist es jedoch so eine Sache. Zumal in einem Tal, das seit dem Mittelalter als ein Durchgangstal für Handel und Wandel gilt. Man lebt von der Unruhe, vom Betrieb, vom Kommerz, nicht von der Beschaulichkeit und von der Idylle. Das wissen die Bewohner der Transittäler seit Jahrhunderten.

ZUR ZEIT DER SÄUMER UND PFERDEKUTSCHEN

Es gibt da allerdings einen Widerspruch, der nicht aufzulösen ist. Mit den neuen Transportmitteln durchsausen die Menschen die Landschaften und Siedlungen, ohne sie noch zu berühren. Früher, zur Zeit der Säumer und der Pferdekutschen, da wechselte man die Pferde, blieb über Nacht, saß die Unwetter aus. Es gab Gasthäuser an den Verkehrsstraßen, auf den Pässen ein Hospiz, es gab Raststätten und Verpflegungsorte, und die Einheimischen kamen mit den Fremden unweigerlich in Berührung. Inzwischen sind die Einheimischen noch für Kontrollgänge an Straßen und Schienen gut. Nur reisende Sonderlinge bewegen sich so durch die Landschaft, dass sie mit den Eingesessenen noch ins Gespräch kommen. Und doch wüssten diese manches zu berichten über das, was das Leben mitbestimmt in einem Tal wie dem Reusstal. Über Felsabbrüche und Lawinen, über Sturzfluten und Erdrutsche, über die Kleinheit der Menschenkraft im Anblick der tobenden Natur. Aber auch über die gebändigte Natur: über Stauseen und über Bauten, die sicheren Durchgang gewähren. Über Bannwälder und Schutzzonen.

DER BAU DER GOTTHARDSTRECKE

In der Ebene von Flüelen, Altdorf und Erstfeld, wo der Zug beinah pfeilgerade auf die Talenge zufährt, wird sichtbar, was die Menschen aus der Landschaft machten, wo sie sich ausbreiten konnten. Die Zwingburgen erinnern daran, dass es wohl schon damals nicht nur die bösen Habsburger waren, die den Bauern und armen Leuten zusetzten, sondern dass es auch einheimische Herren gegeben haben mag, die ihren Landsleuten das Leben schwer machten und sie ausnützten. Erst wenn einmal die Talenge erreicht ist, wird ein doppelter Trotz sichtbar. Einmal der grandiose Stolz und Eigensinn der Ingenieure und Bauleute der 2. Hälfte des 19. Jahrhunderts, die sich von keinen Felsen, Schluchten und Abgründen irre machen ließen, eine sichere Bahnlinie durch das unwegsam ansteigende Gelände zu legen. Mit dem Bau der Gotthardstrecke und des Gotthardtunnels vollbrachten sie eine bautechnische Leistung, die heute noch unser Staunen erregt. Doch neben diesem kühnen und weitsichtigen Blick der damaligen Verkehrsplaner gilt es einem anderen Trotz die Ehre zu erweisen: demjenigen der Bergler und Siedler, die ihre Lebensgrundlage der Natur an schwierigster Stelle abgerungen haben. Man ist geblieben und hat dafür gesorgt, dass wenigstens ein Teil der kommenden Generation auch noch bleiben konnte. Reich werden, daran war hier nicht zu denken. Doch aufgeben, liegen und verkommen lassen, das wollte man unter keinen Umständen! Wer durch das Reusstal zum Gotthard hinauffährt, erblickt keine verlassenen Dörfer und keine vernachlässigten Siedlungen. Hier bleibt man und macht weiter, der Enge und Beschränktheit zum Trotz!

DIE EWIGE WIEDERKEHR: DAS DORF WASSEN

Auf einmal eine Insel: Das Dorf Wassen mit seiner Kirche. Jeder kennt es. Was die Rütliwiese für den Gedanken der Freiheit und Unabhängigkeit, ist die Kirche von Wassen für das Bewusstsein der Zeit, die nicht nur linear abläuft, sondern sich dabei auch im Kreis zu drehen scheint. Dreimal bekommt der Reisende die Kirche zu sehen. Schon den Kindern wird es eingebleut als erste Lektion in der Lehre von der ewigen Wiederkunft. «Schaut hin, wie eure Taten und eure Untaten wiederkehren!», pflegte ein Lehrer zu mahnen, wenn wir auf der Schulreise durch Wassen fuhren! Wäre es nicht der Steinblock gewesen am Silvaplanasee im Jahr 1881, in dessen Nähe Nietzsche der Gedanke der ewigen Wiederkunft überfiel, es hätte ein Jahr später in Wassen sein können, als 1882 der Gotthardtunnel eröffnet wurde und der Weg nach Italien für die Bahnreisenden nun frei war. Das sehende Auge kann bis auf den heutigen Tag in Wassen den Perspektivismus höherer Art üben, als Aufstieg ebenso wie als Niedergang. Dreimal das Gleiche, dreimal ganz anders. Könnte es sein, dass wir uns auch im Leben im Kreis drehen und immer nur das Gleiche zu sehen bekommen, aus unterschiedlichen Blickwinkeln?

Nun geht es schnell Richtung Göschenen. Bevor sich das große Loch öffnet und der Berg den fahrenden Zug verschluckt, zeigt sich noch der mächtige Felsblock, mit dem der Teufel die neue Brücke in der Schöllenen zerschmettern wollte, weil ihn die Urner um seinen Lohn für den Brückenbau geprellt hatten. Eine alte Frau hatte den Bocksfuß am Teufel entdeckt und machte ein Kreuzzeichen in Richtung des Steines. Darauf wurde der Stein so schwer, dass ihn sogar der Teufel liegen lassen musste. – Der Zug fährt in den Tunnel. Jemand wühlt in der Tasche und raschelt mit Proviant. «Man kann es einem armen Reisenden nicht verdenken, wenn er den Hunger des Leibes früher stillt als den des Geistes.» schreibt Heinrich Heine. Das Zugfenster wird schwarz. Zeit zum Träumen über die Zeiten, als der Weg nach Süden noch über den Pass genommen werden musste.

Denn bis zum frühen 13. Jahrhundert war hier Schluss. Kein Weg für Säumer und Händler führte durch die Schöllenen. Die enge Talschlucht schien den höheren Mächten und den bösen Geistern zu gehören. Es mussten jene kommen, die selbst dem Teufel die Stirn zu bieten wagen und an keinem Abgrund zittern, um den Weg hinauf ins Urserental begehbar zu machen. Darum die Sage über die Brücke, die ohne Mithilfe des Teufels nicht zu bauen war. Doch Geschäftssinn macht erfinderisch. Man fand einen Weg, um mit den Lasttieren nach oben zu kommen. Aber auch wer heute den Zug nimmt durch die Schöllenen, eine abenteuerlich steil anmutende Strecke, die größtenteils durch Galerien und Tunnels führt, hört noch, wie gewaltig es in der Schlucht tobt, durch die sich die Reuss schaumschlagend zwängt. Ein bisschen Höllenspektakel bietet die Schöllenen bei Sturm und Gewitter immer noch. Man braucht nicht viel Phantasie, um sich auszudenken, wie viele Stoßgebete die Säumer seit dem Mittelalter zum Himmel schickten, um hier heil durchzukommen.

Sobald sich aber das Urserental öffnet: was für eine friedliche Weite! Eine großzügig von Bergen eingesäumte Ebene tut sich auf, die sich westwärts zieht dem Furkagebirge entgegen. Andermatt ist inzwischen ein Ort geworden, wo der Wintertourismus blüht. Man hat große Pläne, dieses in den Wintermonaten früher vollkommen abgeschiedene und verlassene Dorf in ein zukunftsträchtiges Mekka der Tourismusindustrie zu verwandeln. Bis zum Ende des Hochmittelalters breitete sich hier das Herrschaftsgebiet des Klosters Disentis aus, das jenseits des Oberalppasses im Vorderrheintal liegt. Die Leute von Andermatt, Realp und Hospental zahlten brav ihre Zehnten und dienten der milden Herrschaft des Abtes willig, wie man in den Chroniken nachlesen kann. Mit der Öffnung der Schöllenen wurde das Tal aber für andere Herrschaften zum begehrten Gebiet. Die schweizerischen Städte im Mittelland, die mit den Partnerstädten des Südens Handel treiben wollten, entdeckten den Gotthardpass als den bestmöglichen Alpenübergang für ihre Interessen. So kamen Boten und Gesandte, die den Einheimischen das Blaue vom Himmel versprachen, wenn sie die alte Abhängigkeit vom Kloster aufkündigten und sich mit ihnen verbündeten. Geld regiert die Welt, auch dort, wo kaum welches vorhanden war! Jedenfalls verlor der Abt das Urserental, und die Einheimischen gingen Verträge ein mit Herren und Händlern des Unterlandes, welche die Zeichen der Zeit erkannt hatten und aus der Hochebene ein Transitland machten. Festungen und Rasthäuser kündigen immer noch vom regen Betrieb, der hier Jahrhunderte lang herrschte, bis die noch kühneren Geister auf den Plan kamen und den Berg zuerst mit dem Bahntunnel, später (1980) auch noch mit dem Straßentunnel bezwangen. Und im Jahr 2015 soll die dritte Tunnelröhre, länger und kapazitätsmächtiger als alle bisherigen, dem europäischen Bahnverkehr übergeben werden.

IM MORGENGRAUEN AUF DEM SANKT GOTTHARD

Seit der Entdeckung der Alpen zur höheren Ehre Gottes und zum schauerlichen Vergnügen der Menschheit ist der Aufstieg von Hospental zur Passhöhe des Gotthards ein vielfach beschriebener Zugang zur Wunderwelt der Berge. Der Pass ist mit seinen 2100 Metern über Meereshöhe ein eher niedriger Übergang nach Süden, und doch bietet die Passhöhe den Bewunderern der Bergwelt ein Panorama, das es erklärlich macht, weshalb gerade dieser Berg zum Mythos schweizerischer Bergerfahrung wurde. Der Aufstieg über die Nationalstraße ist heute so bequem, dass niemand sich das Schauspiel entgehen lassen sollte, an einem klaren frühsommerlichen Morgen auf dem Gotthardpass einen Sonnenaufgang zu erleben. Gegen halb fünf in der Früh ist auch die Welt da oben noch in sich gekehrt und still. Hospiz und Hotel, Kiosk und Museum sind noch zu, kaum ein Wagen sucht sich den Weg durch die Dämmerung. Der Bergsee spiegelt erst undeutlich die nähere Umgebung, die Oberfläche kräuselt sich leicht in der frischen Morgenbrise, doch innerhalb einer halben Stunde leuchtet die Welt sich hier so ein, wie kein Theater der Welt es je kunstvoller zu zeigen vermochte. Wasserscheide, Wetterscheide, Mittelpunkt aller Aufbrüche in allen Himmelsrichtungen, unerschütterlicher Fels inmitten der veränderlichen Zeit, ein Hauch von Ewigkeit in der Luft. Die Zeit hat den Stein geschliffen und geglättet, die Eismassen haben ihn gerundet und poliert. Hier gibt es die berühmten «roches moutonnées», deren Oberfläche die Jahrhunderte so abgerieben und geputzt haben, dass sie für die einen die Spielplätze von Berggeistern, für die anderen die Tanzfläche der Engel sind. Hier ist jedenfalls der Ort, wo der Vogel alle tausend Jahre am Felsvorsprung seinen Schnabel wetzt, und wenn er die Platte weggerieben hat, wird die erste Sekunde der Ewigkeit vorbei sein.

Jetzt ist es schon heller, man erkennt die Konturen scharf: die alte «Sust», damals Zoll, Lager, Remise und Stall in einem. In einiger Entfernung die kleine Kapelle, wo man die Toten lagerte, die man im Winter erfroren im Schnee fand. Jetzt wird sogar die Vegetation erkennbar. Ein karges Gelände, Zwergsträucher da und dort, keine Bäume, an feuchten Stellen etwas Polstermoos, viel Fels und Geröll in unmittelbarer Nähe. So ein Morgen macht alles jung, sogar die 400 Millionen Jahre, die vergangen sind, seit das Gotthardmassiv sich auftürmte, sich verfaltete und zu Schiefer wurde. Im Innern liegen vermutlich reiche Kristalle, die findige Strahler eines Tages vielleicht entdecken und aus den Höhlen ans strahlende Licht bringen werden. Hier ist gut sein, wenn der Tag beginnt!

In einigen wenigen Stunden wird man entdecken, wem der Gotthard wirklich gehört: den Touristen und Passanten vor allem, zumal den Motorradfahrern, die es auf die Kehren der Tremola abgesehen haben; vielleicht einigen wenigen Hirten, die unterhalb der Passhöhe mit ihren Tieren den Sommer verbringen. Man trifft Bergsteiger, die mit Seil und Pickel hoch hinauf wollen, auf die Kämme und Spitzen der höchsten Gipfel der Umgebung. Man kann Männern in Militäruniformen begegnen, vielleicht auch modern ausgerüsteten Technikern, die die Wasserwerke kontrollieren und warten. Doch die Zeit, als der Gotthard die geheimnisvoll uneinnehmbare Festung der Schweiz war, ist lange vorbei. In den Kriegsjahren war das Gotthardgebiet Mittelpunkt aller Vorkehrungen und Bemühungen, vor dem potentiellen Feind nicht zu kapitulieren. Die Legenden über ein mögliches Überleben im Berg, im berühmten Réduit, schwirren immer noch in den Köpfen der älteren Generation herum. Heute kann man die früher streng geheimen Festungseinrichtungen besuchen. Man entdeckt mit Verwunderung, dass die Gerüchte viel grandioser als die Wirklichkeit sind. Dankbar muss man sein, dass es nie dazu kam, dass eine Rest-Schweiz vom Gotthard aus gegen die Feinde im Norden und im Süden verteidigt werden musste.

Jetzt aber lockt ein ungefährlicher Süden. Man begreift nicht ganz, woran es liegt, aber auf dem Gotthard wird man schnell von jenem Gefühl gepackt, das ein Romantiker in den Vers fasste: «Ach, wer da mitreisen könnte!» Da wir es können, nichts wie los! Seit der Zeit (vermutlich 14. Jahrhundert), da man dem Heiligen Godehard von Hildesheim auf dem Pass die erste Kapelle errichtete – und damit dem Pass auch den Namen gab –, sind Hunderttausende von hier aus aufgebrochen und mit südlich geblähtem Herzen zu Tal gezogen. Die Serpentinen, die sich heute so elegant der Südseite des Gotthards anschmiegen, sind neueren Datums. Doch die alte Tremola, die gern von Mountain-Bikern benützt wird, ist nach wie vor fahrbar. Vergessen sind alle Mühen des Aufstiegs, alle Planungen und alle Risiken, alle Entbehrungen und Missgeschicke, die die Passgänger früherer Jahrhunderte plagten. Es fährt sich leicht von den Gipfeln und Gletschern des Nordens den Seen und Palmen des Südens entgegen.

TESSIN – DIE SÜDLÄNDISCHE SCHWEIZ

Doch jetzt sollten Sie nicht weiter träumen, sondern die Augen offen halten. Wenn der Zug aus dem Tunnel fährt, erblickt man erst einmal einen sehr nördlich verkleideten Süden. Noch sind wir ganz im alpinen Bereich, die Wälder haben noch nichts Südländisches an sich, die Leventina ist alpin herb, man müsste schon die Nase in die Luft halten, um zu spüren, dass hier ein anderer Wind als jenseits des Gotthards weht. Alles ist ziemlich eng, man muss weit hinauf zu den Höhenwegen, um Weite und Ferne zu spüren. Und doch: Wer hier lebt, weiß, dass er Südländer ist. Die Sprache sagt es jedem, der Ohren hat, und wer genau hinschaut, erkennt es auch schon an der Bauweise der Häuser und an den Türmen der Kirchen. In der Talenge ist es freilich schwer, den Überblick zu haben. Heute ist Airolo ein Tummelplatz des Straßen- und des Zugverkehrs. Irgendwie rauscht hier alles durch und saust vorbei. Doch der Wind, den die Leute zu deuten verstehen, weiß nicht nur von Wildbächen und schäumenden Schluchten, sondern erzählt von plätschernden Ufern, von stillen Buchten, von einem ganz anderen Leben, als es unter Berglern möglich ist.

Die Urner haben lange Zeit die Leute der Leventina unter hartem Griff gehalten. Bis nach Bellinzona hinunter haben sie ihre Herrschaft ausgedehnt und die Bewohner nicht als ihresgleichen, sondern als Untertanen behandelt. Es stritten die Mailänder Fürsten und die alten Eidgenossen um die Wette, denn es ging um Zugangsrechte und Zölle für den Gütertransport über die Alpen. Vom 15. bis zum Ende des 18. Jahrhunderts haben die Urner ihre lateinischen Nachbarn unsanft traktiert – es brauchte Napoleon, um für gerechtere Zustände im Land der Schweizer zu sorgen. Wie die Graubündner ihr Veltlin, so haben die Urner ihre Leventina dank der napoleonischen Reformen aufgeben müssen mit der Erkenntnis, dass nicht nur der Föhn, sondern nun auch der Wind der Freiheit durch die Täler weht. Im politischen Alltag hören sich die Tessiner manchmal an, als hätten die Deutschschweizer sie immer noch am Gängelband. Doch das sind nur noch kleine südliche Nebengeräusche im großen Lärm der Politik!

Denn im Grunde haben die Tessiner heute in geradezu zwanghafter Gerechtigkeit das, was der moderne Verkehr auch den Urnern gebracht hat: Chancen und Belastungen in unentwirrbarer Gemeinsamkeit. Als bautechnische Leistungen sind Bahnstrecke und Autobahn im Tessin genauso spektakulär wie auf der Urnerseite. Bahn und Straße überqueren sich mehrfach in der Leventina in gewagten Konstruktionen. Der Tourist erlebt Brücken von oben und Brücken von unten, Pfeiler und Stützkonstruktionen, Gallerien und Tunnels der staunenswertesten Sorte. Auch hier gibt es bei Giornico die Kehrtunnels, die für das Auge ein Genuss sind, weil sie den Anblick der Landschaft aus jeweils anderer Höhe und Tiefe erlauben. Wer sich auf Südfahrt befindet, erkennt bald, dass die Vegetation sich allmählich wandelt. Vorbei ist es mit den Nadelwäldern und Tannen. Kastanien und Weinberge bieten sich auf einmal dem Auge an. Die Dörfer, durch die die Schnellzüge sausen, kauern sich in Mulden und an Sonnenplätzen. Schon die Dächer der Häuser lassen erkennen: Hier herrschen andere Sitten! Wenn sich die Gegend bei Biasca ein erstes Mal und schließlich weit und generös vor Bellinzona ein zweites Mal öffnet, wird dem Reisenden bewusst: Hier ist des Südens Anfang. «Laue Luft kommt blau geflossen ...» – das spürt man sogar im Zug. Nicht nur die Gegend, auch das Herz wird auf einmal weit und offen.

Die Sozialgeschichte des Kantons Tessin ist aufregend. Hier gab es neben dem Reichtum der Patrizier mit ihren Gütern und Palästen auch die bittere und beschämende Armut großer Teile der Bevölkerung. Viele sind ausgewandert, darunter oft die Mutigen und Hochbegabten: Handwerker, Künstler, Unternehmer. Wer im Zug durch ein Tessiner Dorf fährt, sieht in einem Atemzug Spuren der Armut wie solche des Reichtums. Im Süden leben sie seltsamerweise weniger störend nebeneinander als auf der anderen Seite der Alpen. In den Städten und an den Hängen der Seeufer wird die Erfolgsgeschichte des Tessins sichtbar: als ein Land der Banken, Versicherungen und Dienstleistungen. Die vielgerühmte «Sonnenstube» der Schweiz hat gewaltige Veränderungen erfahren, in der Zusammensetzung der Bevölkerung, in den Ansprüchen und Erwartungen der hiesigen Bewohner. Die Menschen haben sich den Städten zugewandt, wo sie Arbeit fanden, die Dörfer der Seitentäler sind verlassen oder zu Ferienkolonien geworden. Die Nachkriegszeit hat aus dem Tessin ein modernes und wohlhabendes Land gemacht, das selbstbewusst auf die Herausforderungen der Gegenwart antwortet. Der Tourismus blüht, der Geschäftssinn ebenso, die Bewohner haben es verstanden, ihr Land nicht zum reinen Durchgangsland verkommen zu lassen. Lugano ist heute eine so attraktive wie elegant moderne Kleinstadt mit allen Vorzügen und Segnungen einer prosperierenden Wirtschaft. Wissenschaft und Kunst haben dort ebenso ihren Platz gefunden wie die Banken und die Hotels. Man riecht beinahe den Wohlstand, aber auch die Freude am Lebensgenuss und an einer ersten südlichen Art des «Savoir-vivre».

AM ENDE DER GOTTHARDSTRECKE

Wenn der Zug bei Melide über den Damm fährt, in Richtung Capolago, Mendrisiotto und Chiasso, wird der Zauber der präalpinen Seenlandschaft Oberitaliens fassbar. Sie hat Generationen von Touristen beschäftigt, die keine andere Gegend der Welt als lieblicher und klimatisch angenehmer empfanden. Ob am Lago Maggiore, am Luganersee oder am Comersee: An ihren Ufern wird etwas von einer «suavitas» spürbar, einer wohltätigen Milde und Sanftheit des Lebens, die Künstler immer wieder gepriesen haben, in Bildern, in

Gedichten, in der Musik. Im Zug freilich kann man dies nur ahnen. Denn am Ende der Gotthardstrecke liegt Chiasso: ein Ort, mit allen Hässlichkeiten geschäftiger Grenzorte ausgestattet. Doch denken wir nicht gering von Grenzorten! Es muss sie offenbar geben, damit gute Nachbarschaft zwischen Ländern und Völkern möglich ist. Damit die Tüchtigen ihre Belohnung, die Gauner ihre Abschreckung und die Staaten ihre Zölle haben. In vielen Zügen findet hier ein Personalwechsel statt. Wo sonst lassen sich nationale Stile und Eigenheiten besser beobachten? Pässe werden kontrolliert, Gepäckstücke durchsucht, Fragen nach mitgeführten Waren und Gütern gestellt. Manche Mitreisenden sind leicht nervös, andere mimen gekonnt Gelassenheit und Seelenruhe. Nicht jeder bewegt sich gleich versiert auf internationalem Parkett. Die Männer der Grenzkontrolle verlassen den Waggon, als sei die Welt hier in Ordnung. Erst jetzt wird einem schlagartig bewusst: Kein Mensch will in Chiasso bleiben! Es zieht uns unweigerlich weiter.

Noch sind wir nicht dort angekommen, wo wir hinwollten. Wohin aber wollten wir? War nicht das Unterwegssein bereits das eigentliche Ziel der Reise? Die Fahrt durch Raum und Zeit, durch Landschaften und Dörfer, durch Täler und Schluchten? Wir haben Gipfel und Gletscher gesehen, Seen und Ufer, bebaute Siedlungen und unbewohnbare Wildnis. Wir haben erlebt, was die Kunst der Bauingenieure zu überwinden vermochte, was für gerade Linien sie in der krummen Landschaft zu ziehen verstanden, in welchen eleganten Spiralen sie Höhen bezwangen, mit welchen schöngeschwungenen Bögen sie Tiefen überbrückten. Ist es das, was wir sehen und erleben wollten?

Damit haben wir längst noch nicht die Schweiz gesehen. Von den 26 Kantonen haben wir hier nur einige berührt. Es fehlen ganze Regionen: der Jura, das Mittelland, die Seenlandschaften im Osten und im Westen, um den Bodensee und um den Lac Léman. Wir haben das Innere der Städte so wenig berührt wie die abgelegenen und menschenleeren Gegenden. Die Industriezonen haben wir ausgelassen, die Verkehrsknotenpunkte ebenso wie die meisten der touristischen Anziehungspunkte. Die Schweiz ist ein kleines Land, und dennoch braucht es viel Zeit, bis man gesehen hat, wie sie wirklich ist. Doch muss man alles gesehen haben, um sich in einem Land wohl zu fühlen?

Auf Südfahrt lockt uns etwas in die Ferne, das noch einmal anders ist als alles, was wir kennen und lieben. Für die einen ist es das Meer. Für die anderen die Wüste. Wieder für andere der Bazar einer unbekannten fremden Stadt. Vielleicht aber ist all dies nur der Horizont, der sich entfernt, wenn wir uns auf ihn zu bewegen.

Zuhause sein ist eines. Doch nur wer unterwegs ist, erfährt, dass das eigentliche Ziel seiner Lebensreise irgendwo in weiter Ferne liegt.

«Fahre zu! Ich mag nicht fragen, wo die Fahrt zu Ende geht!»

2

FAKTEN
UND FIKTIONEN

LEKTIONEN AUS DER LUFT

Der nachhaltigste Eindruck von der Schweiz, den Sie an einem
wolkenlosen Tag vom Flugzeug aus gewinnen können, ist für mich
überraschenderweise nicht das Gewaltige und Monumentale, das
Massive und Stabile, das die Alpen uns vors Auge rücken. Es ist nicht
die bäuerlich-heimelige Schweiz des Mittellands und nicht die
Schönheit der See- und Flusslandschaften mit ihren Städten und
Dörfern. Und nicht einmal die Kühnheit, mit der Menschen verän-
dernd eingegriffen haben, um der naturgegebenen Schönheit eine
andere entgegenzusetzen: die der gewagten Konstruktion.

Die starke Erkenntnis über alle Einzelheiten und Besonderheiten
hinaus kann nur lauten: die Schweiz ist geographisch und topogra-
phisch ein offenes Land. Ein geradezu unbeherrscht in alle Himmelsrichtungen sich öffnendes Land. Alles fließt, strömt, verläuft
sich sanft hinüber in die Länder der Nachbarn. Die Réduit-Schweiz:
das ist jener Not- und Flucht- und Schutzgedanke, der nur aufkommen konnte, wenn die Welt aus den Fugen war. Wie erfolglos späht
man von oben, um den Verlauf der Grenzen dieses Landes zu erkennen! Die Geographie hat eine andere Logik als die Geschichte. Die
Natur spricht bezüglich unserer Zugehörigkeit zu den Nachbarn eine
andere Sprache als die Politik.

Man braucht deswegen die Sprachen der Ökonomie und der
Politik nicht zu überhören. Dennoch will die Lektion aus der Luft
beherzigt sein: Alles ist auf Offenheit angelegt, aufs Miteinander. Die

Engen wollen sich weiten, die Schranken verlangen nach Öffnung, das Leben drängt übers Eigene hinaus. Man sollte den helvetischen Befürwortern von Isolation und Eigenbrötelei eine Flugreise schenken, damit sie – von oben auf die Realitäten niederblickend – ihre Scheuklappen abwerfen, den Blick weiten und ihr Land so sehen, wie es wirklich ist: rundum sich öffnend.

Vor Jahren habe ich behauptet, es gehe eine Krankheit um in unserem Land. Ich nannte sie «angustia pectoris helvetica». Helvetische Kleinmütigkeit, Engherzigkeit, Angst. Ob es um Europa, die Dritte Welt, um Asylanten oder um arbeitsuchende Flüchtlinge ging: Trotz einer prosperierenden Wirtschaft reagierte die offizielle Schweiz auf die Herausforderungen der Gegenwart mit Kleinmut und Zögerlichkeit. So hatte es der große Francis Bacon schon vor Jahrhunderten analysiert: «Prosperity is not without many fears and distastes». – Wohlstand sei reich an Ängsten und Widerwärtigkeiten. Und er fuhr fort: «Adversity is not without comforts and hopes» – Not sei nicht ohne Tröstungen und Hoffnungen. Inzwischen haben sich die Dinge einigermaßen eingependelt. Man hat offenere Umgangsformen gefunden mit den Nachbarn und mit den Fremden aus fernen Ländern. Die humanitäre Tradition der Schweiz ist in der Politik wieder etwas sichtbarer geworden. Doch mehr darüber später.

SCHWEIZER MENTALITÄTEN

Bedenken Sie an dieser Stelle: Schweizer ist man erst in dritter Linie. Zuerst ist man Bürger einer Gemeinde, dann Basler, Bündner oder Genfer, schließlich – vor allem, um sich Fremden gegenüber abzugrenzen – ist man dann auch Schweizer. Manche definieren sich vorgängig sogar als Bergler oder Städter, bevor sie auf die nationale Zugehörigkeit kommen.

Zeiten, in welchen man zuerst und vor allem Schweizer ist, sind schlechte Zeiten. Kriegszeiten, Krisenzeiten, Zeiten der Verunsicherung. Von außen mag dies anders aussehen. Von innen ist das Bedürfnis, Schweizer zu sein, ein beschränktes. Zugehörigkeit zum geographischen und zum sozialen Raum ist kein nationales Phänomen, sondern ein lokales und regionales. Selbst die große Binnenwanderung der Schweizer aus ländlichen Regionen in städtische Agglomerationen hat daran nicht viel geändert. Man entwickelt eine Partizipationsnähe auch zum neuen Lebensraum. Dafür sorgen direktdemokratische Strukturen und ein bürgerliches Grundgefühl. Wo man zur Kasse gebeten wird mit Steuern, Sozialabgaben und Gebühren, will man auch mitreden. Solches Mitreden geschieht nicht nur durch Stimmabgabe an der Urne. Es besteht ein Konsens, dass nicht nur das Private, sondern auch das Öffentliche besprochen und verhandelt werden muss. Die Abtretung der Verantwortung fürs öffentliche Wohl an eine politische Klasse – an Parlament und Regierung – auch nur auf Zeit, ist für Schweizer eine heikle Sache. Sie behalten sich für möglichst viele Fragen die Entscheidung vor. Dies führt notwendigerweise zu Verzögerungen, manchmal auch zu Überforderungen. Die tendenziell zunehmende Abstinenz der Bürgerinnen und Bürger bei Abstimmungen ist auch Ausdruck staatsbürgerlicher Überbeanspruchung. Wer zur Wahl geht, verhält sich bei Entscheidungen, deren Auswirkungen schlecht abzusehen und schwer zu berechnen sind, grundsätzlich konservativ. Lieber Nein sagen zum Besseren als Ja zum Schlechteren! Wie es jetzt ist, ist es immerhin erträglich. Und ist die Frage wichtig, wird man später wieder auf sie zurückkommen.

Das schweizerische Demokratiemodell zielt nicht auf schnelle Effizienz. Schweizer neigen zu einer «Resist Change – Mentalität». Gegenüber raschem Wandel ist man allergisch. Man glaubt zwar an mögliche Verbesserungen, aber nicht daran, dass die schnelle und riskante Neuerung sie bringen wird. Politisch bleibt man lieber auf der Kriechspur des Fortschritts.

Diktiert wird diese Vorsicht von einer Grundsorge. Sie heißt: Was wird es kosten? Die verdächtigsten Menschen auf der Welt sind für Schweizer jene, die sich diese Frage nicht stellen und über ihre Verhältnisse leben. John D. Rockefeller Junior, der große Philanthrop und Herr über das gewaltige von seinem Vater erwirtschaftete Vermögen, pflegte zu sagen: «Ohne gewisse Prinzipien hat das Leben wenig Bedeutung.» Dies gilt nicht nur für Millionäre, die ihr Geld aussichtsreich mehren, um einen Teil davon generös verteilen zu können. Es gilt auch für die Schweizer, die mehrheitlich nicht arm sind, doch gegenüber Verschwendung und Vergeudung hochempfindlich und deshalb oft als geizig und kleinkrämerisch erscheinen. Pedantische Aufpasser sind Schweizer all jenen gegenüber, die es mit dem großen Löffel anrichten möchten. Vermutlich spiegelt sich in diesem Verhalten noch heute eine soziale Erfahrung, welche die Schweiz über Jahrhunderte geprägt hat: die Realität der Armut. Armut ist – so glaubte man in der Schweiz trotz anders lautender Beteuerungen der Bibel – soziale Verwahrlosung, und Verwahrlosung ist Unordnung und Chaos. Auf die Frage «Who cares?» (was nicht nur heißt: «wen kümmert's!», sondern erst recht: «Wer kümmert sich um das, was zu tun ist?») hat die Schweizerin und der Schweizer eine Antwort: «Jeder muss!» Manchmal ist die Welt für die Betroffenen nur die eigene Straße, das eigene Dorf, und nicht mehr das, was jenseits dieser Grenzen liegt. Doch nur wer die Dinge – die materiellen wie die geistigen – seiner eigenen Umgebung nicht verkommen lässt, kann sich mit Glaubwürdigkeit auch des ferner Liegenden annehmen. Diese Verantwortlichkeit für die nächste Umgebung ist Voraussetzung für die Glaubwürdigkeit, mit welcher jemand an der Welt herumverbessert. Die Devise «Universal denken, lokal handeln» als Weltverhaltensprinzip ist vermutlich gar nicht so schlecht, jedenfalls ist sie nicht Schnee von gestern.

DIE UNBEKANNTE SCHWEIZ

Im Vergleich zu einem wirklich großen Land – wie beispielsweise Indien – wird die Schweiz kaum als ein durch Vielfalt charakterisiertes Land gelten können. Aus einer hinreichenden Entfernung ist der Unterschied der Lebensformen in Chiasso und Schaffhausen, im Unterengadin und im Kanton Jura vernachlässigenswert. Wer sich mit der Sprachenvielfalt Indonesiens befasst, wird die Sprachsituation der Schweiz nicht als sonderlich komplex erachten. Für die Unterengadinerin oder den Jurassier ist die Erfahrung jedoch eine ganz andere. Ihr Lebensgefühl sagt, dass die Welt grundverschieden ist in Sent und in Porrentruy. Sie empfinden Andersheit nicht teleskopisch, sondern mikroskopisch, in lebensnaher Vergrößerung. Wenn viele französischsprachige Schweizer es als schwierig ansehen, sich für längere Zeit in der deutschsprachigen Schweiz niederzulassen, dann liegt die Ursache nicht allein in einer instinktiven Aversion gegen schweizerdeutsche Dialekte. Die Welt kommt ihnen in der fremden Sprachzone in tausend Einzelheiten verändert entgegen. Dieses Lebensgefühl radikaler Andersheit aufgrund anderer sprachlich-kultureller Orientierungen ist für Außenstehende schwer zu begreifen. Für das Selbstverständnis der Einheimischen ist es fundamental.

Die Vorstellung, Schweizerinnen und Schweizer würden alle hochkompetent mehrsprachig sein und sich mit Leichtigkeit und Freude durch die verschiedenen Sprachen bewegen, entspricht ganz und gar nicht der Wirklichkeit. Selbst wenn die Schulen die Förderung der Nationalsprachen als Ziel im Auge behalten: die Allgegenwärtigkeit des Englischen hat zumal unter den jungen Schweizern die Liebe zu den Nationalsprachen ziemlich ins Wanken gebracht. Es gibt Kantone, in welchen die Versuche mit Frühenglisch in den Grundschulen sich heute großer Beliebtheit erfreuen. Auch animiert die Vielfalt schweizerdeutscher Redeweisen und die starke soziale Verankerung der Dialekte im Alltag keineswegs die Romands aus der welschen Schweiz und die italienischsprachigen Tessiner und Graubündner, sich in die deutsche Schweiz zu begeben, um die Nachbarsprache deutsch zu lernen. Es ist ein relativ kleiner Prozentsatz der Bevölkerung, der mit Gusto und Kompetenz die drei Amtssprachen der Schweiz spricht. Und Rätoromanisch, heute von nicht einmal 50 000 Schweizerinnen und Schweizern als ihre Haupt- oder Muttersprache bezeichnet, lernt neu ohnehin nur, wer eine familiäre, berufliche oder speziell regionale Motivation dazu hat. So ist Babylonien – also das Nichtverstehen der Sprache, die der Nachbar spricht – für die meisten Schweizer die alltägliche Realität. Bankiers wie Schüler aus Genf und aus Zürich unterhalten sich immer mehr in englischer Sprache miteinander, weil keiner die Sprache des jeweils anderen so gut spricht, dass er sie ihm zumuten möchte.

Die Schweiz ist zudem nicht nur viersprachig. Sie ist vielsprachig und zugleich – wie jeder aus Erfahrung weiß – manchmal und vielerorts penetrant einsprachig. Was passiert mit den Sprachen derjenigen, die von weither kommen und seit Jahrzehnten bei uns leben? Halten sie nicht mit Recht daran fest, dass die Worte, die ihnen leicht über die Lippen kommen und die sie gerne hören, nicht einfach dem neuen Land zu opfern sind, das ihnen Arbeit gibt? Und ist das Englische, unsere Weltsprache, in der Schweiz nicht allgegenwärtig wie sonst nur der liebe Gott? – Die Schweiz ist nicht ein innenorientiertes, sondern ein außengeleitetes und von intensiver Partizipation mit den Nachbarn geprägtes Land. Das Land ist mit seinen europäischen Nachbarn aufs engste verflochten. Damit wird helvetischer Eigensinn nicht in Abrede gestellt. Doch kann man von der Schweiz mit höherem Recht als von anderen Ländern sagen: Sie wäre nicht so, wie sie ist, gäbe es nicht Frankreich, Deutschland, Österreich und Italien.

Keiner sieht darum die Schweiz richtig, es sei denn, er sehe sie auch von außen. Im Vergleich erst werden Vorzüge und Defizite deutlich. Allerdings darf ebenso gelten, dass der Blick von außen allein nicht genügt. Durch den Abstand werden die Beurteilungen unseres Glücks und unserer Malheurs nicht unbedingt schärfer. Ferne macht die Dinge unscharf und verklärt sie oft.

Es gibt die unbekannte Schweiz. Gerade ihr gegenüber sind wir in unserer Bewunderung großzügig. Die demokratische Kultur der Schweiz, die bis ins Mittelalter zurückreichen soll, bestaunt man leicht, solange man die entscheidenden Details über das politische Leben dieser Jahrhunderte schlecht kennt. Wer sich kundig macht, zögert bald einmal mit den Lobsprüchen auf die älteste Demokratie der Welt. Leichter fällt es ihm schon, die Schweiz des Jahres 1848 zu bestaunen, wo inmitten eines den Sprachgrenzen entlang sich formierenden Europas der Nationen eine Schweiz entstand, die trotz erheblicher innerer Differenzen zu einem föderalistisch orientierten Staat zusammenfand. Zentrale Zuständigkeiten wollte man nur für unleugbar gemeinsame Anliegen. Eine Art «Verfassungspatriotismus avant la lettre» also – wo nicht die Herkunft, die Sprache oder die Religion das Kriterium der Zugehörigkeit bildeten, sondern der Wille zu einer gemeinsamen, verfassungsmäßig garantierten politischen Zukunft. Man hat es «Willensnation» genannt – so als würden ihr die materiellen Grundlagen für eine Nation – die Sprache und eine langjährige Schicksalsgemeinschaft – fehlen. Doch wer weiß, vielleicht bewundern wir die Leistungen von 1848 so leicht, weil wir heute sehen, wie schwierig es geworden ist, die politisch aufgeklärte Position von damals fortzusetzen.

NUTZEN UND NACHTEIL DES PATRIOTISMUS

Patriotismus ist nicht immer eine förderliche Tugend und eine Haltung, die sich mit kritischem Urteil verbindet. Die Anhänglichkeit ans Eigene ist zwar schön und anrührend. Ganz kommen wir ohne sie nicht aus. Denn das Eigene verachten, um Fremdes zu verherrlichen, ist unreif und oberflächlich. Patriotismus ist bis zu jenem Punkt vertretbar, an dem die Anhänglichkeit ans Eigene die Beurteilung des Fremden zu vergiften beginnt. Die Geschichte des Patriotismus ist leider nicht nur vom Ruhm der Vaterlandsliebe geprägt, sondern ebenso von der Missachtung und Verachtung anderer Nationen. «L'amour des lois et de la patrie» – so sah Montesquieu den Patriotismus und erkannte darin eine der Grundlagen der Demokratie. Schön, wenn es dabei geblieben wäre. Im 19. Jahrhundert wurde daraus eine Lehre überheblicher Selbsteinschätzung. Patrioten bewegten sich durch die düsteren Phasen unserer Geschichte Arm in Arm mit den Chauvinisten und mit noch ärgeren Gesellen. Immer diskreditierte sich die Liebe zum Vaterland, wo sie in den Wahn der Überlegenheit und der Einzigartigkeit einbog.

Es gab und gibt bis auf den heutigen Tag neben dem offen-wohlwollenden und dem kritisch-abwägenden den tief bornierten Patriotismus. Eine Scheuklappenanhänglichkeit ans Eigene, die weniger von Scheu als von sturer Verweigerung geprägt ist, das zur Kenntnis zu nehmen, was zu uns gehört, obwohl wir nicht danach verlangt haben. Diese rechthaberische Privilegienverteidigung erinnert eher an tierisches Revierverhalten als an eine Gesellschaft, die sich für den Schutz der Menschenrechte und die Wahrung der Menschenwürde einsetzt. Damit hat man sich auseinanderzusetzen, auch wenn das Kräftemessen zwischen Anhängern einer offenen und einer auf sich selbst fixierten Schweiz manchmal anstrengend und mühsam ist. Die Schweiz ist ja nicht das einzige Land in Europa, das sich mit der Balance zwischen Eigenem und Fremdem schwer tut. Andere haben damit auch ihre Not. Doch kann dies uns kein Trost sein.

DIE HÄSSLICHEN SEITEN DER SCHWEIZ

Neuerdings kommt für die Schweiz etwas hinzu, das allen zu schaffen macht, denen dieses Land nicht gleichgültig ist. Die Welt hat in einem bisher unbekannten Ausmaß die hässlichen Seiten der Schweiz zur Kenntnis nehmen müssen. Jene Schweiz, die nicht als die tapfere kleine Demokratie inmitten von Diktaturen dastand, neutral und wehrhaft, ein Hort der Freiheit und der Friedfertigkeit. Nein, heute ist das Bild der Schweiz eingetrübt von Realitäten, die mit Schuld und mit Scham etwas zu tun haben. Was zum Vorschein kam, sind die unrühmlichen Eigenschaften, die das Verhalten eines Teils unserer Landsleute vor und während des Zweiten Weltkriegs geprägt haben. Was wir nicht sehen wollten, weil niemand uns dazu zwang, steht jetzt offen da. Wir waren anpasserisch im Politischen aus wirtschaftlichen und Sicherheits-Interessen. Wir waren nicht nur abhängig vom Ausland, sondern ebenso geschäftstüchtig und profitgierig aufgrund unserer besonderen Lage. Wir waren engherzig und kleinmütig in der Flüchtlingspolitik. Gewiss, es gab auch Gegenhaltungen. Beispielhafte Einsätze von Wagemut und Sorge um die Rechtlosen. Doch ebenso sicher ist inzwischen, dass Institutionen und Private sich skandalös an der Not und an der Wehrlosigkeit von Verfolgten bereicherten. Der Lack der Anständigkeit und der Ehrbarkeit ist weg. Das, was früher niemand so genau wissen wollte, ist unübersehbar geworden.

Dieser Herausforderung hat sich die offizielle Schweiz gestellt. Eine hochrangige nationale Kommission unter der Leitung des Historikers und ehemaligen ETH-Professors Bergier hat die Archive durchforscht und die Ereignisse ans Licht gebracht. Seit der Veröffentlichung ihres Berichts kann niemand mehr behaupten, das Verhalten der schweizerischen Politik und Wirtschaft während des Zweiten Weltkriegs kenne nur rühmliche Seiten. Wo Wiedergutmachungen möglich waren, hat man sie danach zu realisieren gesucht. So haben etwa die Schweizer Banken mit dem Jüdischen Weltkongress Abkommen getroffen, um die Frage der zu Unrecht annektierten namenlosen Bankkonten zu regeln. Damit ist der Makel noch nicht aus der Welt. Doch der Wille, Verantwortung für Geschehenes auf sich zu nehmen, wird darin erkennbar.

DEMOKRATIE UND KULTUR

Eine Klage wird Ihnen gewiss bekannt sein: Demokratische Gesellschaften seien zwar politisch erwünscht, dafür künstlerisch suspekt. Wo der Wille der Mehrheit gewichtiger sei als die Kompetenz des Einzelnen, gedeihe vielleicht die politische Kultur. Die Kunst aber, die im Gegensatz zur Politik nicht mehrheitsbedürftig ist, werde zur Randsache. Entscheidend sei nicht so sehr, was die Einzelnen schaffen, sondern was die Mehrheit schätze.

Die demokratische Einrichtung der Gesellschaft befriedet zwar die Lebensverhältnisse. Was sie jedoch künstlerisch hervorbringt, wird oft als unbefriedigend und mangelhaft empfunden. Das berühmteste Zitat zu diesem Phänomen stammt aus dem Film «Der dritte Mann». Während ruchlose Regimes Genies hervorbringen, ist für ein Land, das schon beinahe seit Jahrhunderten im Frieden lebt, der höchste Ausdruck von Genialität und Phantasie die Erfindung der «Kuckucksuhr». Auch wenn dieses Beispiel der historischen Überprüfung nicht standhält, die Aussage ist klar: Demokratische Gesellschaften und künstlerische Höchstleistung scheinen nicht Hand in Hand zu gehen. Mehr noch. Was in der Politik die Vernunft gebietet, nämlich die Anliegen aller Beteiligten ernst zu nehmen und den Kompromiss zu suchen, der auch die Interessen der Minderheiten nicht völlig außer Acht lässt, verkehrt sich auf künstlerischem Gebiet zur Herrschaft des Mittelmaßes. Und nichts ist schrecklicher als Mittelmaß, wenn es um Kunst geht.

In der Schweiz kommt ein Weiteres hinzu. Wir sind stolz auf unsere Verschiedenheit. Wir finden nichts so unerträglich wie geforderte Einheitlichkeit. Was an einem Ort gut ist, kann an einem anderen schlecht sein. Für das, was man schätzt, braucht man nicht die Zustimmung der Miteidgenossen aus anderen Landesteilen. Die Schweiz ist nicht so beschaffen, dass sie sich von einem einzigen Zentrum aus hierarchisieren ließe. Die Schweiz hat keine tonangebende Metropole. Sie ist strukturell vielköpfig. «Le milieu du monde»: das braucht keineswegs eine Metropole zu sein. Jeder darf selbst das entscheidende Wörtlein mitreden, was ihm Mitte und Zentrum der Welt ist.

Darüber mokiert man sich gern. Doch dieses Klagen über die provinziellen Aspekte eines Kleinstaates prägt nicht die Perspektive der Einheimischen. So reden allenfalls Außenstehende, Kritiker vielleicht, die den Duft von Großstädten in der Nase haben. Künstler jammern nicht. Sie wollen arbeiten, entdecken, erleben, weiterkommen. Etwas Beckmesserisches ist dem Zweifel an der künstlerischen Qualität im Kleinstaat beigemischt. Qualität ist nicht die erste Sorge der Künstlerinnen und Künstler. Was meint man, wenn man von Qualität redet? Hat sich Alberto Giacometti über die Qualität seiner

Zeichnungen Gedanken gemacht? Hat Frank Martin Zweifel gehabt an der Qualität seiner Musik? Gezweifelt haben sicher beide, ob sie das sichtbar und hörbar gemacht haben, was ihnen jeweils vorschwebte. Doch wenn etwas Neues anschaubar, etwas Ungehörtes vernehmbar wurde, gaben sie sich zufrieden. Und fuhren am andern Tag weiter in ihrem Hauptgeschäft, das in nichts anderem bestand als im Versuch, ihren Träumen und Obsessionen Gestalt zu geben. Wer fragt nach Qualität, wenn in einem Werk das Leben sich offenbart?

SCHWEIZER KÜNSTLER

Es hat sich in kulturkritischen Kreisen die Rede von der Enge des Kleinstaates breitgemacht. Ein seltsamer Erfolg war dieser Qualifizierung des schweizerischen Kunstschaffens beschieden. Eine so kleinbürgerliche wie unkritische Bewunderung des Großstädtischen liegt ihr zugrunde. Als ob jemand, der von Berlin, Paris und London aus schreibt oder malt, schon dadurch einen Qualitätsvorsprung hätte! Wir sind jetzt dabei, die ideologischen Brillen wieder abzulegen. Was ist eng an den Büchern von Gerhard Meier? Was ist provinziell in den Plastiken des Bernhard Luginbühl? Jeder spürt, dass dies nicht die richtigen Fragen sind, um das Schaffen von Künstlern zu begreifen. An der Arbeit der wirklichen Künstler ist nichts eng und provinziell. Aber die Wahrnehmung ihres Werks ist es oft. Man kann Catherine Colomb und Corinna Bille in den provinziellen Winkel schieben. Doch hockt in diesem Winkel eher unser Gehirn, jedenfalls nicht das Leben, das die beiden Frauen in ihrem Schreiben entfalten.

Das einzige «Qualitätskriterium», an dem Kunstwerke zu beurteilen sind, ist ihre Radikalität im Erschließen der Welt. Ob Buch, Bild, Lied, Film oder Gebäude: Kunst muss daran gemessen und beurteilt werden, ob ein Element unseres Daseins neu begreifbar, befühlbar, befragbar wird durch sie. Ein Kunstwerk, das nicht in einer gewissen Weise eine Epiphanie ist, das heißt ein Aufscheinen eines bisher Verborgenen, ist letztlich gar keines. Radikalität meint hier nicht so sehr die Aufgabe, Wurzeln freizulegen. Es meint dagegen so etwas wie eine Offenbarung, ein neues Begreifen. Künstler bauen die Welt um. Verzichten sie darauf, gehören sie zu den Dekorateuren des Vorhandenen. Das ist zwar auch schon etwas, aber noch keine Kunst.

Freilich gibt es viele Arten, die Welt umzubauen. Schonend und vorsichtig, zögernd und scheu, listig und verdeckt, offen und aggressiv. Der aggressivste Zugriff ist nicht immer der radikalste. Es gibt sanfte Arten, uns den Boden unter den Füßen wegzuziehen, damit wir in den anderen Wahrnehmungszustand fallen. Man kann Robert Walser lesen, um diese Erfahrung zu machen. Radikal Denkende und Wirkende leben bis heute mitten unter uns. Leider haben sie oft Blinde und Taube um sich, deren Energie sich darin erschöpft, beflissen ihren Geschäften nachzugehen.

Die Schweiz ist womöglich kein Land der großen Aufstände und Umwälzungen. Aber sie ist ein Land des heimlichen Putsches, der latenten Unbotmäßigkeiten, der individuellen Insurgenz und des listigen Einspruchs. Zugegeben: Im Augenblick ist das Land nicht im Gespräch wegen seiner rebellischen Stärken und oppositionellen Phantasie. Auf der Anklagebank der Öffentlichkeit steht das Land schon eher wegen Verhaltensformen schlauer Anpassung und großer Habgier. Gewiss, auch Intellektuelle lassen oft Unrecht Recht sein und foutieren sich um die besseren Zustände. Zivilcourage ist unter Intellektuellen nicht größer als unter Händlern und Inhabern politischer Ämter. Künstlerisch tätig zu sein bewahrt nicht vor politischer Blindheit und moralischer Stumpfheit. Dennoch: Man hätte damals, als die Welt im Zweiten Weltkrieg aus den Fugen war, die Stimmen kritischer Autorinnen und Autoren schärfer wahrnehmen können, denn sie waren da: ihre besonderen Arten rebellierender Praxis, ihr Einsatz für riskante Existenzformen, ihre Fähigkeit, Widersprüche stehen zu lassen und Eindeutigkeiten der allzu beruhigenden Art in Zweifel zu ziehen. Man hätte bei ihnen nachlesen und finden können, dass es neben Staatsraison und Eigenvorteil auch andere Werte gibt, für die man einstehen kann: solche der Fairness oder gar der Solidarität.

In der Schweiz, der es wirtschaftlich sehr gut geht, gibt es heute erst recht viele, die mit den Mitteln der Kunst sich um die Klärung der Widersprüche kümmern, in die man in guten und schlechten Zeiten hineingerät. Geschichten und Parabeln, Gedichte und Lieder, Angriffe gegen die Dummheit und die Banalität des Lebens, Träume über die Kunst zärtlicher Umarmungen, Ironie und Humor, um die Last der ernsten Dinge abzuwerfen: darin besteht das Hauptgeschäft der künstlerisch Tätigen. Sie machen uns süchtig nach Lebensalternativen. Ihre Ambitionen sind oft geradezu maßlos: Sie wollen uns aus unseren Schranken befreien durch Alternativen, für deren Schöpfer sie sich halten. Ein bisschen größenwahnsinnig sind sie halt manchmal, unsere Künstlerinnen und Künstler, und das darf man ihnen nicht verübeln.

Was mich immer neu überrascht und erfreut, ist die Tatsache, dass die Künstler und Intellektuellen der Schweiz sich heute mehr als Weltbürgerinnen und Planetenbewohner denn als Schweizer sehen, mehr als kritisch besorgte Zeitgenossen denn als Patrioten. Das heißt nicht, dass die konkrete «Erlebniswelt Schweiz» bei ihnen fehle. Doch diese Schweiz ist keine idyllische Insel geregelter Bürgerlichkeit. Sie ist ein Labyrinth aus Städten, Arbeitsplätzen, Wohnsiedlungen, worin es bunt zugeht zwischen Einheimischen und Fremden, wo an einzelnen Stellen eine rasende Mobilität herrscht, an anderen heillose Stagnation und Aussichtslosigkeit. Menschen aller Länder, Schicksale weltumgreifender Herkunft bestimmen die schweizerische Szene. Es macht mich geradezu glücklich, wenn ich erlebe, wie hierzulande Intellektuelle und Künstler ihr Land sehen und wie sie ins Geschehen eingreifen.

Nähe und Gewohnheit machen uns die Welt zu vertraut. Wir werden für gewisse Dinge blind. Man braucht nicht mehr genau hinzuschauen, weil man doch alles schon zu kennen glaubt. Wir haben einen bestens funktionierenden Nahsinn in uns, der verlässlich für Orientierung im Vertrauten sorgt. Der geschärfte Blick kommt so allmählich abhanden. Wir können die Augen schließen und immer noch den Eindruck haben, dass wir uns auskennen. Deshalb wird die Realität oft erst aus gehörigem Abstand wieder erkennbar.

TEXANERN DIE SCHWEIZ ERKLÄREN

Ich hatte vor einigen Jahren die Aufgabe, Studenten der Universität von San Antonio in Texas die Schweiz näher zu bringen. Am Anfang fragte ich mich: Was wissen diese jungen Leute aus Texas bereits über die Schweiz und was könnte sie interessieren? Wo das Interesse beschränkt und das Unwissen folgenlos ist, breiten sich Klischees umso leichter aus. Vermutlich hatten sie Bilder der Schweiz im Kopf – das Matterhorn, idyllische Seenlandschaften, Eisenbahnbrücken, über die rote Züge fahren, und insbesondere Werbebilder über Schokolade, Käse, Taschenmesser, Uhren und dergleichen mehr. Warum sollte ein kleines Land wie die Schweiz in Texas von Interesse sein? Texas allein hat über 20 Millionen Einwohner, die ganze Schweiz nur 7,5 Millionen. Die Fläche der Schweiz beträgt gut 41 000 km², die von Texas mehr als 682 000 km². Flächenmäßig könnte man also mehr als 16-mal die Schweiz in Texas unterbringen. Und dennoch gibt es etwas, das als Parallele zwischen Texas und der Schweiz gelten kann: Die Bevölkerung von Texas besteht aus 59 Prozent Weißen, 27 Prozent Hispanos, 12 Prozent Afro-Amerikanern und 2 Prozent kleineren Gruppierungen wie Asiaten und amerikanischen Urein-wohnern. Die Schweiz hat eine ähnliche Zusammensetzung in Bezug auf die sprachlich-kulturelle Herkunft ihrer Bevölkerung: etwa 63 Prozent sprechen deutsch, 20 Prozent französisch, 7 Prozent italienisch, 0,5 Prozent rätoromanisch und etwa 9 Prozent Sprachen von Zuwanderern aus verschiedenen europäischen Ländern. Das ergibt für beide Länder ein buntes Vielerlei an sprachlichen Traditionen und an kulturellen Orientierungen.

Will man politisch und gesellschaftlich diesen Verschiedenheiten gerecht werden, muss man eine Toleranz für komplexe Situationen entwickeln. Diese Toleranz für komplizortere und kostspieligere Verhältnisse, als wirtschaftliche Vernunft sie empfehlen würde, ist eine jener Grundbedingungen für kulturelle Aktivitäten, die offenbar in Texas wie in der Schweiz wichtig sind. Letztlich gilt dies für alle Länder der Welt, denn so einheitlich wie die große Mehrheit es meistens haben möchte, ist kein einziges Land auf der Erde.

SCHWEIZER WERTE

Obwohl die Schweiz inzwischen ein hoch entwickeltes, modernes, ziemlich wohlhabendes und im globalen Geschehen gut integriertes Land ist, sind gewisse Grundorientierungen und Vorlieben vieler Schweizer und Schweizerinnen geradezu vorindustriell atavistisch geblieben. Man liebt das Lokale, das Vertraute, das gewohnheitsmäßig Erprobte mit einer Inbrunst und Anhänglichkeit, die immer wieder überrascht. Schweizer sind selten Nationalpatrioten, sie sind aber beinahe rund um die Uhr Lokal- und Regionalpatrioten, dem Kanton ihrer Herkunft stehen sie immer näher als der Nation. Sie können in ihrem Beruf tagsüber absolute «global Player» sein, wenn sie sich abends auf den Weg nach Hause machen, werden sie wieder zu Dörflern und Quartierbewohnern, die vom Geschehen im eigenen Umfeld geprägt und bestimmt sind. Dies erklärt auch, warum sich bis heute die abweichenden Varianten des Schweizerdeutschen ebenso haben halten können wie die italienischen Dialekte im Tessin oder die zahlreichen rätoromanischen Lokal-Varianten in Graubünden. Gerade die jungen Leute, die am Wochenende aus den Städten ihrer Schulung oder ihrer beruflichen Tätigkeit in die Täler und Dörfer zurückströmen, lieben ihre Regionalsprache über alles und halten an ihr fest. Seltsamerweise besteht die Chance der Regionalsprachen heute in ganz Europa gerade darin, dass sie nach wie vor für die Sprecher mit starken Affekten und emotionalen Bindungen versehen ist. Die Erfahrung von Intimität, Vertrautheit und Lokalkolorit ist entscheidend, um diese Anhänglichkeit ans Abweichende und Spezielle zu begreifen. Eine Sprache ist nicht eine Maske oder ein Mantel, den man sich zulegt, um einen Auftritt an x-beliebigem Ort zu inszenieren. Ein sprachliches Sich-Zuhause-Fühlen ist ein Quell des Wohlbehagens, eine Erfahrung und Bestätigung von Kompetenz und Anerkennung. Man begreift jeden sich Mitteilenden, dass er sprachlich nicht nur fremdgehen will.

Von außen wundert man sich häufig darüber, dass jemand an der Schönheit einer Sprache Freude haben kann, mit der er sich nur im eigenen Tal oder im eigenen Dorf bewegen kann. Dass Sprache aber zu einem Heimatrefugium wird, begreift vielleicht am besten, wer im Exil lebt und sprachlich keine Chance auf Nähe und Vertrautheit mehr erhält. Die Erfahrung der sprachlichen Zuständigkeit ist häufig das Eingangsportal für einen Zugehörigkeit, die eine ganze Lebensweise und spezifische kulturell geprägte Existenzform betrifft. Gerade die Sprache wird so zu einem Garanten für einen Zugehörigkeitsbonus, ohne den niemand leben möchte. Es macht zwar politisch nicht nur für die Schweiz, sondern für alle Länder dieses Planeten durchaus Sinn, mehrsprachige Orientierungsfähigkeit und Kompetenz schulisch zu fördern. Doch was dabei nicht aufs Spiel gesetzt werden darf, ist die Bindungsintensität jedes Einzelnen zur vertrautesten seiner Sprachwelten. Babylon – also das Nicht-Verstehen der allermeisten unter den vorhandenen Sprachen, die uns umgeben – ist vielleicht der Preis, den man dafür zu zahlen hat, dass man sich in einer oder in einigen wenigen Sprachen nicht nur verständlich machen kann, sondern dass dem Einzelnen in dieser Sprache der Vertrautheit auch erst das Leben zumutbar, begreifbar und annehmbar wird. Unter diesem Aspekt könnte man dazu neigen, die babylonische Sprachverwirrung für die Menschheit doch eher als einen Segen denn als einen Fluch anzusehen.

Die Kleinräumigkeit als Orientierungsfeld für den privaten, familiären und den öffentlichen Aktionsraum ist das am weitesten verbreitete Befindlichkeitsmuster der Schweizer. Vertrautheit, Verlässlichkeit und Absehbarkeit: das sind die Werte, an die man sich mit Vorliebe hält – es bleibt noch genug Unabsehbares zu gewärtigen. Eine solche Nahbereichspräferenz wirkt einerseits sehr traditionell, provinziell und altbacken, sie hat andererseits den Vorzug, den Betroffenen eine Beteiligungsnähe zu garantieren und sie mit diesem Vertrautheitsbonus geradezu stolz und zufrieden zu machen. Wenn es so etwas wie Basismoleküle für politische und gesellschaftliche Identität gibt, dann ist dieser Lebensnahbereich der größte Lieferant für diese Grundausstattung.

Bedenken Sie, dass eine extreme lokale und regionale Autonomie etwa in Fragen der Bildung und der Wertorientierungen die Bewohner der Schweiz seit Jahrhunderten tief geprägt hat. Auf der niedrigsten Hierarchiestufe die möglichst größten Kompetenzen behalten: Das war die politische Ratio in einem Land großer Unterschiede. So hatte man zumindest den Eindruck, Herr und Meister der Lage zu bleiben, auch wenn dies nur das unmittelbar eigene Umfeld betraf. Zur Lebenskultur der Schweiz gehört fundamental diese Zuständigkeitsregelung, die in ihrer Intention Majorisierungstendenzen von oben und von außen entgegensteuert. Es ist weniger ein aktiver Minderheitenschutz als eine Maßnahme, um die Selbstorganisation von unten herauf zu befördern und den eigenen Zuständigkeitsbedarf zu befriedigen. Sie hat den Nachteil – gelegentlich ist es sogar ein Vorteil – gegenüber Wandel und Neuerung sperrig und träge zu sein. Die selbstbetriebenen Mühlen der Veränderung mahlen langsam in der Schweiz. Das kann in kulturellen (und politischen) Fragen zu Konvention, Stagnation und extremen Rückwärtsorientierungen führen. Drängt sich Erneuerung nicht von außen auf, kommt man kaum mehr vom Fleck. Sterilität und Isolation sind die drohenden Gefahren. Zum Glück leben auch die Schweizer in einer Welt, in der unerwartete Bewegung von überall her kommen und in den entlegensten Winkeln für Unruhe sorgen kann.

Dass die Schweiz ein kulturell bewegtes und vielfältiges, ja geradezu spannendes Land ist, hängt jedoch ebenso wesentlich mit einer Gegenerfahrung zusammen: Es haben immer schon die wachsten und die hellsten Geister es im eigenen Land nicht ausgehalten. Sie wurden fern- und fremdsüchtig, machten sich auf und davon, begaben sich dorthin, wo der Puls des Lebens kräftiger schlug als zuhause und wo sie für kühne Gedanken und Visionen bessere Entfaltungsmöglichkeiten sahen. Die Auswanderungsgeschichte der Schweiz hatte über Jahrhunderte ökonomische Gründe, aber sie hatte und hat immer noch künstlerische und kulturelle Ursachen. Paris, Berlin, Wien, Rom, London und New York: Von diesen glänzenden Orten ging für Künstler und Künstlerinnen ein starker Sog aus. Die allermeisten der großen Maler, Bildhauer, Fotografen, Filmemacher, Musiker, Schriftsteller und Wissenschaftler wurden von den europäischen und den noch ferner liegenden Zentren der Kunst, des Wissens und der Lebensart magisch angezogen.

Darum brachen sie auf, wollten Metropolen und Großstädte ebenso kennen lernen wie fremde und fernab liegende Kulturen. Viele suchten das wilde Gedränge der Städte, andere wiederum die Einsamkeit endloser Landschaften und den Zauber der Wüsten. Die meisten zog es irgendwann wieder ins eigene Land zurück, und nun setzten sie ihre Erlebnisse in einer Art und Weise um, die sich beiden Elementen gleich wesentlich verdankt: der eigenen und den fremden Welten. Schweizer Kultur gibt es darum nur im Kontext der europäischen Nachbarkulturen und globaler Lebensentwicklungen. Begabte Menschen, die mit fremden Welten in Berührung kamen, bauten ihre Perspektive auf das Leben um. Kultur ist in erster Linie eine aktive Teilnahme an nahen und fernen Lebenserfahrungen, deren Darstellung und Gestaltung. Das geht nur, wenn jemand bereit ist, sich auf mehr als das Eigene einzulassen. Verbleibt man ängstlich im eigenen Feld, verflacht und verkommt man als Künstler in absehbarer Zeit.

Die Spannweite zwischen Orientierung im Eigenen und Verlockung ins Fremde ist die wichtigste Triebfeder der Kultur in der Schweiz, und dies bis auf den heutigen Tag. Je nach historischer Situation schlägt das Pendel einmal mehr auf die eine, dann wieder mehr auf die andere Seite aus. Es gibt Phasen der Einigelung und solche der Fernsucht. Es gibt gewaltige Anstrengungen der Anpassung und Einfühlung und solche des Aufbegehrens und der Rebellion. Kultur ist nie nur Feier und Fest, sie ist aber auch nie nur Widerspruch und Widerstand. Sie werden gleich mehr darüber hören!

Ich will damit nur sagen: Kultur ist in der Schweiz nicht anders als sie überall sonst auf der Welt ist: Sie ist das, was uns wach macht, bewegt und beglückt. Sie kann uns auch todtraurig und verzweifelt machen, wo sie Einblick verschafft in die Finsternisse der Köpfe und der Herzen. Was man von ihr erwarten darf, ist nicht Gefälligkeit. Sie muss aufreizen und aufstacheln, sie muss uns die Augen öffnen über die Welten, in denen wir uns bewegen. Wo Kultur ihrer Aufgabe gerecht wird, wird sie uns in Bewegung versetzen, verunsichern und ins Ungewisse entlassen. Nur im Denken schnellfertige Politiker und Wirtschaftsbosse sind der Meinung, Kultur sei da, um zu beruhigen, zu vergewissern und die Beschwernisse des Alltags vergessen zu machen. Kultur und Unterhaltungsindustrie sind aber zwei Dinge, die sich nur zum kleinsten Teil decken. Was an der Kultur der Schweiz gut und wichtig ist, liegt in ihrer Schärfe und Gnadenlosigkeit im Zugriff auf das Leben, nicht in ihrer Ablenkungskraft. Schonung ja, auch das kann eine Wohltat sein, wenn jemand leidend und verletzt ist. Für die von Zeitnot, Raffgier und vom Sammeltrieb Gejagten ist aber anderes gefordert. Da braucht es Entschiedenheit und Mut zum Einspruch.

Kultur muss das Unheimliche ins Spiel bringen, das uns im Alltag, verdrängt und unerkannt, umgibt. Sie hat die Gleichgültigkeit aufzuheben, die uns die Sicht trübt auf das, was um uns geschieht. Sie hat uns jene Horizonterweiterung zu besorgen, dank der wir die Zielkorrekturen unserer Lebenswege vorzunehmen vermögen. Darum ist Kultur so wichtig und so unerlässlich. Sie ist nicht der Luxus einer saturierten Gesellschaft. Sie ist der Kompass, mit dem wir aus den Sackgassen unseres Lebens wieder herausfinden.

In den Museen der Schweiz, in Konzerthallen und auf Theaterbühnen, in Kinos und in Büchern von Schweizer Autorinnen und Autoren gibt es große Entdeckungen zu machen. Die kulturelle Schweiz ist weder ein Heimatmuseum noch eine Schlafstätte. Hier wird gerungen und gekämpft, gelitten und gelacht, hier gibt es Begegnungen der heimlichen und der unheimlichen Art mit Einheimischen und mit Fremden. Lassen Sie sich darauf ein. Suchen Sie das, was Sie anspricht und neugierig macht, was Ihnen schräg und seltsam vorkommt. Das Land ist nicht das Wichtigste in der Kultur. Das Leben ist das Wichtigste. Kultur ist diese freche, kühne, die Augen öffnende Auseinandersetzung mit den Widersprüchen, in die das Leben uns verwickelt. Wenn wir das Leben begreifen wollen, brauchen wir diesen Spiegel, in dem wir uns und die anderen erblicken. Wenn Sie in die Schweiz kommen und sich hier umsehen, werden Sie nicht nur diese Schweiz kennen lernen. Im Umgang mit dem kulturellen Phänomen der Schweiz werden Sie sich selbst anders kennen lernen!

DIE LITERATUREN DER SCHWEIZ

Ich möchte es Ihnen am Beispiel der Literaturen der Schweiz erklären. Vor einiger Zeit begegnete ich einem Mann, der in den Vereinigten Staaten von Amerika als Komparatist tätig war und mich auf einem Kongress in Berlin mit der Erklärung zu provozieren suchte, für die Literatur einer einzigen italienischen Stadt – er meinte Triest – würde er die Literaturen der Schweiz allesamt hergeben. – Vielleicht wollte mich der Mann mit seiner unvorteilhaften Einschätzung der Literaturen der Schweiz nur ins Boxhorn jagen. Vermutlich war das, was mich in meinem patriotischen Nerv empfindlich traf, nichts als der Scherz eines Amerikaners, der sich sagte: Mal sehen, was ein Mann zu sagen hat, wenn man das angreift, was er für sein Heiligtum hält!

Ganz wohl war es mir nicht, mich mit einem Verächter schweizerischer Belletristik auseinandersetzen zu müssen. Was würde ich zugunsten der Schweizer Literaturen am besten vorbringen, um den Mann von seiner Blindheit zu heilen? Warum gab es überhaupt dieses Unbehagen gegenüber den Literaten der Schweiz und ihren Werken? Es ist ja auch in einheimischen Kreisen verbreitet und durchaus nicht nur bei Ausländern anzutreffen.

Welcher ist denn der Makel der Schweizer Literaturen, der offenbar den Nationalliteraturen der Nachbarländer nicht anhaftet? Hängt es damit zusammen, dass es in der Schweiz nicht eine einzige Nationalliteratur gibt, sondern deren vier? Dass man also in mehreren Sprachen bewandert sein muss, um sich einigermaßen mit den Texten wohl zu fühlen?

Vielleicht verlangt literarische Zuneigung und Begeisterung eine Intimität mit der Sprache, die es nur in den seltensten Fällen in fremden Sprachen gibt. Meistens kennt doch ein gebildeter Mensch halbwegs die Literatur der eigenen Muttersprache, während man sich den anderen doch fast ausschließlich über die Brücke der Übersetzungen nähern muss. Doch eine Übersetzung ist ja gar kein Hindernis, um Liebe zu einem Text entstehen zu lassen. Weltweit lesen doch die allermeisten Dostojewskij, Virginia Woolf, Garcia Marquez und Nagib Machfus in Übersetzungen und scheinen dabei voll und ganz auf ihre Rechnung zu kommen. Also muss es denkbar sein, dass man auch in der Schweiz einander durch Übersetzungen schätzen und bewundern kann. Doch hat einer der prominentesten Autoren der Nachkriegszeit, nämlich Max Frisch, öffentlich bekundet, dass er für seine schriftstellerischen Kollegen, die in anderen als in der deutschen Sprache schreiben, wohl Respekt und Achtung habe, dass ihm letztlich jedoch die Kollegen aus Deutschland und Österreich viel näher lägen als seine anderssprachigen Landsleute. Wenn schon die Schriftsteller selbst Mühe bekunden, den Schritt über die angestammte Sprache in die nur mühsam zu begreifende Denk- und Schreibweise fremdsprachiger Autoren zu tun, um wie viel schwieriger muss dies für gewöhnliche Leserinnen und Leser sein. Vielleicht ist das Unbehagen an der Schweizer Literatur in erster Linie das Gefühl der Überforderung. Ein tief sitzendes schlechtes Gewissen darüber, dass man etwas als zu sich gehörig bezeichnen soll, das einem ausgesprochen fremd und fern bleibt. Ist es nicht eine Anstrengung und ein Krampf, ja eine freche Zumutung, komplizierte Texte einer Sprache, die man mehr schlecht als recht beherrscht, als etwas Eigenes und sogar Liebenswertes ansehen zu müssen? Das Unbehagen an der Schweiz liegt vielleicht in dieser unausweichlichen Erfahrung eigener Unzuständigkeit. Alle Bekundungen von Gemeinsamkeit und Einheit des Unterschiedlichen sind vielleicht nichts als politische Rhetorik, welche der alltäglichen Erfahrung vollkommen widerspricht. Mit dem anhaltenden Gefühl eigener Unzulänglichkeit kann niemand glücklich werden. Und so rebelliert im Innern etwas gegen diese erzwungene Liebe zu Welten, die einem letztlich verschlossen blieben!

Doch nein! Die Schweizerinnen und Schweizer sind wegen dieses Auseinanderfallens von politischer und kultureller Zugehörigkeit keine zerrissenen und leidenden Seelen! Da kommt ihnen doch eine grundsolide Ausstattung zugute, eine Unaufgeregtheit und Gelassenheit im Umgang miteinander. Dass Genfer und Tessiner anders denken und anders fühlen als Basler und Appenzeller, verursacht niemandem schlaflose Nächte. Schweizer sind sie ja alle. Den einen schlägt das Herz halt mehr für Paris und für französische Lebensart als für alpine Traditionen, den anderen mehr für die Lombardei als für Zürich, und die Deutschschweizer wollen zwar mit den Deutschen und Österreichern Geschäfte machen, aber so sein wie diese, nie und nimmer! Dies ginge dann doch zu weit. Eigentlich verursacht diese Andersheit der Miteidgenossen jenseits der eigenen Sprachgrenze keine wirklichen Bauchschmerzen. Man erledigt miteinander, was gemeinsam erledigt werden muss. Und das ist es auch schon. Was braucht es mehr? Seit Jahrhunderten kutschiert man inzwischen leidlich miteinander, ohne einander zu beschädigen, und bleibt doch vor allem unter sich. Es ist letztlich gar nicht so übel, wenn der Nachbar sich nicht allzu zuständig fühlt für das, was im eigenen Bereich vor sich geht. Das erspart doch eine Menge Konflikte. Man braucht nur das Notwendigste von einander zu wissen und miteinander auszuhandeln, ansonsten aber sollte man die anderen nach eigener Lust und Laune leben lassen. Nur keine unnötigen Einmischungen. Und ungefragte Ratgeber, wer braucht schon solche! Ist das nicht eine herrliche Einrichtung, dass man so unberufen und unzuständig bleibt für das, was andere lieben und was sie stolz macht?

Vielleicht sind die Anliegen und die Bestrebungen gerade der Schriftsteller in den einzelnen Landesteilen gar nicht so verschieden voneinander. Nur ist dies nicht so leicht zu erkennen. Doch wenn Literatur in ihren besten Möglichkeiten Ausdruck und Schilderung von persönlichen und gesellschaftlichen Krisen ist, von Umbrüchen und Verwandlungen, von alten Plagen und neuen Herausforderungen, können die Autorinnen und Autoren der verschiedenen Sprach- und Kulturlandschaften gar nicht so sehr von einander abweichende Ziele und Absichten haben mit dem, was sie uns sagen wollen. Wenn es den Literaten grundsätzlich darum geht, die Geschichten von schwierigen und verletzlichen Individuen, das Los von besonderen und gemeinen Menschen weiterzuspinnen, und die Legenden, die man über Herkunft und Zukunft unseres Landes erzählt, geschickt umzuformen und neu zu gestalten, dann muss das, was sie in ihren Werken tun, doch miteinander verwandt sein und sich in seiner Vielstimmigkeit wundersam ergänzen. Wenn sie auch unterschiedliche Sprachen verwenden, sie leben doch in einer gemeinsamen Zeit und Welt. Und somit auch in einem Land, das trotz aller Verschiedenheit in allen Regionen und Landschaften, in allen Städten und Dörfern vergleichbare Nöte und Sorgen hat und nach vergleichbaren Erleichterungen und Bequemlichkeiten sucht. Gibt es nicht für jede und jeden unter den Schreibenden die sehr ähnliche Ausgangsbasis: Jeder, ob Städter oder Provinzler, kommt aus einer umgrenzten, vertrauten Umgebung, die manchmal als Enge und Beschränkung empfunden wurde, deren Übersehbarkeit oft aber auch als Vorteil und Sprungbrett fürs Weite und Offene und jetzt Erstrebte verstanden wird. Wollen nicht alle Schriftsteller dichtend und erzählend Schicksal begreifen, eigenes und fremdes, vergangenes und gegenwärtiges, und getrieben von diesem hohen Ehrgeiz fabulieren sie für uns ihre Geschichten, ermutigende und verstörende, beneidenswerte und abschreckende. Ist es nicht unsinnig, jenen Menschen, die anscheinend ein ruhiges und relativ behütetes Dasein in einem kleinen und von Kriegen und größeren Wirrnissen verschonten Land leben, den großen Atem für Glück und Unglück, für Wagnis und Abenteuer abzusprechen und sie zu Bastlern von Kuckucksuhren, Herstellern von Pralinen und kleinbürgerlichen Flitterkrämern zu stempeln? Es zeugt doch von himmelschreiender Ahnungslosigkeit, wenn jemand behauptet, die Literaturen der Schweiz befassten sich nur mit Menschen, die von großen Schicksalsschlägen verschont geblieben seien. Und deshalb wimmle die Literatur der Schweiz von trivialen, mittelmäßigen und unaufregenden Geschichten. Was für ein Hochmut muss hier im Spiele sein, wenn jemand Kriege und Katastrophen als hinreichende Voraussetzung für lesenswerte Literatur betrachtet. Was weiß so jemand schon über die Kämpfe und Nöte, über die Enttäuschungen und Verzweiflungen, die oft in der Seele eines Menschen toben, der ein scheinbar unaufregendes Dasein fristet?

Überlegen Sie einmal, welche «Tonarten» die Schriftstellerinnen und Schriftsteller der Schweiz dichtend und erzählend verwenden. Sie kommen auf eine reiche Skala von Ausdrucksformen! Da gibt es einmal die Sänger des Herkömmlichen, die Lobpreiser des Einheimischen, die, geduldig und sorgsam um sich blickend, ihre Leser auf die Schönheiten ihrer Umgebung aufmerksam machten und sie in ihrer Liebe zur Heimat kräftigen wollen. Ein Ton der Zuversicht und der Dankbarkeit klingt durch diese Schriften, eine Aufmerksamkeit und Sorgfalt für das natürlich Gegebene, ein Stolz und eine Gewiss-

heit, dass diese Güter des Nahbereichs wichtig, gefährdet und schutz-
bedürftig sind. Manchmal sind diese zustimmende Einstellung zum
Gegebenen und diese Bekräftigung des Heimatlichen begleitet von
Mahnungen und Ratschlägen. Es zeigt sich oft der Zeigefinger, wenn
die Autoren ihre Rolle verstehen als die von Deutern und Mahnern
jenen Entwicklungen gegenüber, welche die herkömmlichen Werte
und Haltungen bedrohen. Ja, unter den Schweizer Autorinnen und
Autoren gibt es nicht wenige, die beherzt in die pädagogische Falle
laufen, was ihre moralische Haltung klärt, ohne ihrer Erzählkunst
immer zugute zu kommen. Freilich gibt es unter ihnen wiederum
sehr viele, die eine hohe Sensibilität für die Widersprüche des Lebens
haben und den Abstand zwischen Ideal und Wirklichkeit mit den
Mitteln der Ironie, der grotesken Umspielung, der listigen Übertrei-
bung markieren. Es gibt die mit einem Sinn für Komik Begabten, die
uns unendliches Lesevergnügen bereiten, und es gibt die, die uns
durch ihre Neigung zu Melancholie oder gar Fatalismus zu packen
verstehen. Und natürlich gibt es nicht nur die stillen Beobachter
und leisen Deuter des schweizerischen Alltags, der schweizerischen
Errungenschaften und Missstände. Nein, da sind doch auch jene,
welche die Gabe haben, im Zorn auszurufen, wie es um die Lage des
Landes und um die Schwächen ihrer Landsleute steht. Nicht wenige
sind unter ihnen, die schreibend den Protest, den Aufschrei, die
Anklage und die Rebellion praktizieren gegen alles, was unter den
Teppich gewischt wird, um es der öffentlichen Wahrnehmung zu
entziehen. Wer genau hinschaut, findet in allen Landesteilen gerade
unter den Schriftstellern auch die Tabubrecher, die Rebellen, die
engagierten Ausrufer und jene, die über eine besondere Nase für
Skandalöses und Himmelschreiendes verfügen. Für die helvetischen
Schwächen von der Selbstgerechtigkeit bis zur Profitgier, von der
Vergesslichkeit der eigenen Geschichte gegenüber bis zur gegenwär-
tigen Konjunktur der Vergnügungs- und Verblödungsindustrie gibt
es doch landesweit Ankläger und Mahner, die alle verfügbaren Regis-
ter ziehen, um auf altes und neues Elend hinzuweisen. Aber da sind

auch noch ganz andere Männer und Frauen, die uns Dinge aufschreiben, die ihnen noch mehr am Herzen liegen als Protest und Beschimpfung: die Träumer und Phantasten, die Streuner und Verführer, die uns mit ihrer Kunst in unbekannte Welten locken, auf Reisen mitnehmen, die weit in die Fremde führen oder aber hinein in eigene bisher unentdeckte Seelenlandschaften. Es gibt solche, die uns einfach blendend unterhalten, entzücken und beglücken, wenn wir ihre Bücher in die Hand nehmen. Man will und braucht ja nicht immer das tief Schürfende, Zerfleischende, Aufwühlende. Ab und zu darf es doch das Leichte und Angenehme sein, das, was uns beweist, dass das Leben einfach heiter und unbeschwerlich sein kann. Von diesen Büchern lässt man sich mitnehmen, ohne Ziel und Zweck, ohne Hast und Hektik, ohne Bemühung und Belehrung. Ach, was gibt es doch in der Schweizer Literatur für herrlich wunderbare Töne und Stimmungen, wenn man nur bereit ist, richtig hinzuhören!

FÜNFZIG BÜCHER

Wissen Sie, worauf ich besonders stolz bin, wenn ich an die Literaturen der Schweiz denke? Dass in der deutschen Schweiz eine Manesse-Handschrift entstand zu einer Zeit, als man in Amerika noch in Höhlen wohnte! Dass Rousseau, jener Mann also, der ein ganzes Zeitalter prägte, ein Uhrmachersohn aus Genf war und der Landschaft um den Genfer See in seiner *Nouvelle Héloïse* ein unvergleichliches Denkmal setzte! Dass Giovanni Andrea Scartazzini aus dem unteren Bergell einer der größten Danteforscher der Welt wurde! Dass es auch in einer kleinen Literatur wie der bündnerromanischen Gedichte gibt, die zu lesen ich als pures Glück empfinde! – Nein, ich habe nicht vor, für Sie eine Trophäenwand aufzufahren und den Komparatisten aus Amerika damit zu beschämen.

Hingegen ist es mir ein Anliegen, meine Verehrung für eine Reihe von Büchern spüren zu lassen, die aus der Feder von Autorinnen und Autoren der Schweiz stammen und die ich zu meinen liebsten zähle. Ohne diese Bücher möchte ich im Grunde nirgends leben.

Wenn Sie in die Schweiz kommen, wähle ich aus meiner Bibliothek fünfzig Bücher aus, zwanzig aus der deutschen, zwanzig aus der französischen und zehn aus der italienischen Schweiz – und füge noch zwei Gedichtbände hinzu in rätoromanischer Sprache. Ich werde sie in einem Regal nebeneinander aufreihen, ausgehend von den älteren bis hin zu jenen, die es erst seit kurzem gibt. Wenn Sie da sind, werde ich mit Ihnen an diesem Regal entlang streifen und diese und jene Bemerkung fallen lassen über das eine und das andere Buch, von denen jedes für mich eine ganze Welt und dazu noch ein Geheimnis entfaltet.

Da stehen sie nun beieinander, die Bauern und ihre starken Frauen, die häuslichen und die liederlichen, die Pfarrer und die Lehrer, die Knechte und die Mägde, die Pächter und die Besitzer. Da herrscht Reichtum und Armut, Überfluss und Hunger, Wassernot und Armennot. Die Bleibenden liegen hier neben den Ausreißern, die Künstler neben den Bürgern, die Gewinner neben den Verlierern. Mönche und Nonnen, Generäle und Soldaten, Haudegen und furchtsame Stubenhocker verbergen sich hinter Buchdeckeln zusammen mit Lehrlingen und Gehülfen, mit Dienern und Träumern, mit leichtsinnigen Glücksuchern und solchen, denen nur das Rechnen und das Zählen wichtig ist. Da sind die von Abenteuer und Fernweh Angesteckten, die Ritter und die verlorenen Söhne, die Geretteten und die Gestrandeten. Und Frauen gibt es darunter der vielfältigsten Art: bescheidene und stolze, zahme und wilde, berechenbare und solche, die von Willkür und Teufelstrotz beherrscht sind. Verzweifelte gibt es und Rebellen, Einfühlsame und Hartherzige, von allen Lastern Angesteckte und solche, die gegen Einflüsterungen und Verlockungen der unwillkommenen Art immun sind. Eine tolle Schar von Figuren ist in diesem Regal versammelt: solche, die sich den Verhältnissen beugen und andere, die sich stolz dagegen stellen. Schmeichler und falsche Hunde sind darunter, Bösewichter und Lüstlinge, Feiglinge und vom Neid Zerfressene, aber ebenso Gradlinige und Selbstbewusste. Mit allen Lastern haben diese

Kerle Bekanntschaft gemacht, doch auch von allen Ahnungen der Tugend und Rechtschaffenheit sind sie angeweht. Und wenn ich einen Blick werfe auf die Umschlagseiten der Bücher von Cendrars, Cingria oder Bouvier, die ich auswählen werde, dann weiß ich, dass es in meinem Land auch Weltsüchtige gab, die nach ganz anderen Lebensformen Ausschau hielten. Und die Bücher der Männer und Frauen aus dem Tessin berichten von verlorenen Töchtern und von Männern, die das Glück nur anderswo und sehr fern der eigenen Heimat finden konnten und dennoch zurück wollten. Wenn ich an die Romane der Nachkriegsautoren aus der deutschen Schweiz denke, da scheint es mir, dass neben den Erfolgreichen und Ehrgeizigen, die es zu etwas bringen wollten, die Zweifler und Zögerer, die Unsicheren und Verstörten, die Überempfindlichen und Verletzbaren beinah die wichtigeren sind. Da gibt es doch wundersame Figuren, denen weder der neue Reichtum noch materielle Sicherheit genügen, sie haben vielmehr eine von allen Unsicherheiten und Zweifeln besaitete Seele, mit der sie inmitten der Wohlstandsgesellschaft irgendwie zurande kommen müssen. Und denke ich an die mit ihren Geschichten auf Veränderung der bestehenden Geschlechterrollen lauernden Frauen, dann sehe ich mutige, trotzige, unkonventionelle Figuren vor mir, denen ganz und gar zuzutrauen ist, dass sich im Land einiges sehr bald ändern wird. Nein, die Bücher der hier versammelten Autorinnen und Autoren enthalten so viel nach Wahrnehmung schreiende Wirklichkeit, dass nur ein ahnungsloser Nichtleser sich über den Zustand der Schweizer Literaturen beklagen kann.

Mir will es scheinen, dass das Unbehagen an den Literaturen meines Landes eine einzige berechtigte Ursache hat. Die eigene Lebenszeit ist viel zu kurz, um sich mit dem Reichtum und der Fülle der erzählten Schicksale, der erträumten Welten und der geahnten Entwicklungen zu befassen, wie sie in den Büchern niedergelegt und beschrieben sind. Das Unbehagen an den Literaturen der Schweiz liegt in der Tatsache begründet, dass kein noch so fleißiger Leser und keine noch so hungrige Leserin diesem verborgenen Schatz gerecht werden kann. Hunderte von Büchern liegen in den Regalen hunderter von Bibliotheken und warten auf Wiedererwägung, Neuentdeckung, ja auf eine regelrechte Auferstehung. Hunderte von Männern und Frauen haben ihr Bestes gegeben, um ihre Zeitgenossen und im Glücksfall die ihnen folgenden Generationen hinzuweisen auf die rätselvollen Wege, die Menschen einschlagen, um an ihr Ziel zu kommen – oder dieses zu verpassen. Über ungelesene und schlecht gelesene Autoren ist es leicht, die Nase zu rümpfen. Wer sich Zeit nimmt und lesend begreifen will, kommt ganz gut auf seine Rechnung.

Kommen Sie bald! Vieles wartet hier auf Sie!

GESCHICHTE UND GESCHICHTEN

Es gibt kaum einen Staat, der keinen Nationalfeiertag kennt. Allein im Monat Juli sind es 28 Nationen, Republiken, Inseln, ehemalige Kolonien oder Protektorate, die ein Ereignis aus ihrer vergangenen Geschichte mit einem Feiertag markieren. Ein Gründungsdatum in historischer oder mythischer Zeit, die Entlassung einer ehemaligen Kolonie in die Unabhängigkeit, das Gedenken an eine Rebellion, ein Aufstand oder ein Befreiungsschlag, die Proklamation eines Neubeginns aufgrund einer neuen Verfassung, die Wiedervereinigung zweier zuvor getrennter Staaten: All dies kann Anlass für einen Nationalfeiertag sein.

Militärisch orientierte Nationen feiern gern den «Tag der Armee» als ihren Nationalfeiertag. In Monarchien sind die Nationalfeiertage Geburtstage oder Inthronisationsdaten der herrschenden Monarchen. Portugal feiert am 10. Juni den «Dia de Portugal» – den Tag Portugals – und zwar – als große Ausnahme von der Regel – am Todestag des Nationaldichters Luis de Camoes 1580. Man kann aber auch mehrmals im Jahr feiern: Der Vatikan begeht den Tag der Papstwahl, seit Benedikt XVI. den 19. April, als Festtag, dazu kommt am 29. Juni das Fest der Apostel Peter und Paul als Gründungspatrone des Christentums, vergessen ist aber auch nicht der 11. Februar: der Tag der Unabhängigkeit des Vatikanstaates durch die Lateranverträge von 1929. Und Russland gedenkt am 7. November des Tages der Oktoberrevolution von 1917 (die je nach Kalendergültigkeit auch Novemberrevolution heißt), lässt aber auch den 9. Mai nicht aus: den Tag, an dem 1945 der Sieg über die Faschisten errungen wurde.

Nationalfeiertage sind meistens jünger als die Ereignisse, die sie ins Gedächtnis zurückholen. So feiert Frankreich am 14. Juli den Beginn der Französischen Revolution am Tag der Erstürmung der Bastille. Doch der 14 juillet ist in Frankreich erst seit 1880 Nationalfeiertag. Deutschland hat einen der jüngsten Nationalfeiertage. Seit 1990 gedenkt man am 3. Oktober der Wiedervereinigung zwischen der Bundesrepublik und der ehemaligen DDR.

DER SCHWEIZER NATIONALFEIERTAG

Die Schweiz gedenkt seit 1889 am 1. August jeweils des Rütli-Schwurs von 1291 – eines Schutz- und Trutzbündnisses in legendärer Vergangenheit. Denn das Ereignis wird erstmals im Weißen Buch von Sarnen 1470 genannt. Aegidius Tschudi legt im 16. Jahrhundert in seiner Chronik den Gründungsakt der Eidgenossen auf den «Mittwoch vor Martini 1307» fest – das heißt auf den 8. November jenes Jahres. Doch ist es in jedem Fall schöner, im Hochsommer Höhenfeuer anzuzünden als im nebligen November – historische Genauigkeit hin oder her.

Die Schwierigkeiten und Fragen beginnen, wenn man sich genauer überlegt, was an diesen Nationalfeiertagen genau gefeiert wird und mit welchen Mitteln, Handlungen und Symbolen dies geschieht. So ist es für Historiker fraglich, ob der Sturm auf die Bastille am 14. Juli 1789 als der wirkliche Beginn der Französischen Revolution und damit eines neuen Zeitalters angesehen werden soll. Doch was an diesem Tag geschah, ist an Symbolgehalt so bedeutsam, dass er von den revolutionären Kräften bereits seit 1790 als Gedenktag begangen wird. Ebenso wenig lässt sich der 1. August 1291 als Gründungstag der Eidgenossenschaft und damit der Schweiz historisch rechtfertigen. Dennoch stört sich kein Mensch an der geschichtlichen Labilität dieses Datums. Nationalfeiertage zelebrieren vor allem

Gedächtnis- und Verhaltensrituale. Ihre symbolische Bedeutung ist weit größer als ihre historische Zuverlässigkeit.

Man kann sich keinen 14 juillet ohne die Marseillaise vorstellen. Da findet eine Militärparade statt, bei der die unterschiedlichen Waffengattungen vor dem salutierenden obersten Herrn der Nation die Champs-Elysées hinunterparadieren, die neuesten technischen Errungenschaften mitführend. Und am Abend gibt es das Feuerwerk, das Volksfest und den Ball. Man isst und trinkt und ist mit sich und dem Land zufrieden, und vergisst die «ennemis expirants», die feigen Feinde, die falschen Komplizen, die bösen Royalisten und Reaktionäre, die man am Vormittag beim Singen der Marseillaise geschlagen und erledigt hat. So ist es halt an Nationalfeiertagen! Und warum sollte es anders sein?

Ist es am 1. August in der Schweiz anders? Natürlich sind wir an diesem Tag weniger militärisch in Stil und Gehabe als die Franzosen. Auch wir feiern einen Anlass, dessen historische Bedeutung man schwerlich als die «raison d'être» der schweizerischen Nation ansehen kann. Was wir vom Gründungsmythos des Rütlischwurs wissen, verdankt sich mehr dem frühen 19. Jahrhundert. «Wir wollen sein ein einzig Volk von Brüdern …» – das hat mehr mit dem Pathos des erwachenden Nationalismus der Frühromantik zu tun als mit den Ereignissen des 13. Jahrhunderts. Wer von uns weiß schon, was im Bundesbrief von 1291 steht? Würde es nicht mehr Sinn machen, 1315 zu feiern, den Bund zu Brunnen? Oder andere historische Momente, in denen Stände unterschiedlicher Prägung und Tradition zueinander gefunden haben? Doch wie die Franzosen den Sturm der Bastille wählten, so wurde für uns das Symbol der drei Eidgenossen wichtig, von Johann Heinrich Füssli 1780 ausdrucksstark beim Rütlischwur festgehalten. Seither sind uns die unterschiedlichen Stände von Bauern, Bürgern und Handwerkern heilig. Obwohl wir die historischen Stationen des 19. Jahrhunderts ziemlich genau kennen, denen wir die Errungenschaften der demokratischen, liberalen, vielfältigen und modernen Schweiz verdanken: Wir bleiben bei den sagenhaften Ereignissen von 1291 und umgeben sie symbolträchtig mit Höhenfeuern, Schweizerfahnen, Umzügen und oft sehr konventionellen patriotischen Ansprachen.

Bei der Nationalhymne hat die Schweiz eine andere Variante als Frankreich gewählt: Anstelle der kriegerischen Rhetorik hat sie die religiöse gesetzt. Unsere Hymne ist keine Marschmusik, dafür aber ein Kirchenlied. Wir nennen sie ja auch den «Schweizerpsalm». Mit den Strophen haben wir es etwas einfacher als die Franzosen. Sie haben zwölf – ohne die Kinderstrophen mitzuzählen –, wir haben bloß vier. Doch alle vier beherrschen auch bei uns die wenigsten. Hand aufs Herz: «die fromme Seele ahnt», «Gott im hehren Vaterland» und «In des Himmels lichten Räumen / Kann ich froh und selig träumen» – das alles entspricht nicht gerade unserem modernen und aufgeklärten Staatsgefühl. Auch liegt uns daran, Kirche und Staat nicht ungut zu vermischen und die Errungenschaften der Säkularisierung so hoch zu halten wie die Segnungen der Religion. Und doch: Bis zum heutigen Tag war es unmöglich, sich auf eine andere Landeshymne zu einigen. Das heißt: Wenn wir feiern und singen, wollen wir gar nicht Defizite und Mängel analysieren und Besseres aushecken. Wir wollen zufrieden und dankbar sein. Und vielleicht sogar ein bisschen stolz, dass so unzeitgemäße Dinge wie Hymnen und Schwüre in unserem Leben Platz haben. Nationale Feiertage haben ihre eigene Legitimität und Würde, auch wenn ihre Details sonderbar wirklichkeitsfremd geworden sind.

Mir ist es jedoch ein Bedürfnis, am 1. August auch daran zu denken, dass an diesem Tag im Jahr 1464 Cosimo de Medici starb, der in Florenz «pater patriae» hieß, die neuplatonische Akademie gründete und damit für seine Zeit und für ganz Europa eine gewaltige Revolution des Wissens und der Weltwahrnehmung auslöste. Oder ich denke an die allerletzte Eintragung im Tagebuch der Anne Frank. Am 1. August 1944 notiert sie, dass es einen äußeren und einen inneren Menschen gibt, einen sichtbaren und einen versteckten, einen Rampenlicht-Menschen und einen, der verborgen bleibt und nie zum

Vorschein kommt. Dass wir eine Hälfte haben, die man «wegzuschieben, umzukrempeln und zu verbergen» sucht, und mit der es doch auch zu leben gilt. Drei Tage danach wird Anne Frank verhaftet, eingesperrt, mit einem der letzten Lagertransporte aus Holland deportiert. Man weiß nicht genau, wann sie starb. Es war in Bergen-Belsen, vermutlich im März 1945, kurz vor der Befreiung des Lagers durch englische Truppen.

Jeder 14 juillet, 1. August oder 3. Oktober ist gut, um sich das Glück vor Augen zu führen, in einem Staat zu leben, wo niemand mehr das zu befürchten hat, was mit dieser tapferen jungen Frau damals geschah.

Wenn Sie in die Schweiz ziehen, werden Sie erleben, dass für Feste und Feiern das Populäre immer wichtiger ist als das Elitäre. Heimatgefühle verbreitet das Volkstümliche weit besser als das Reflektierte und Problematische. Das dürfte freilich auch in anderen Ländern so sein. Kritische Geister sind nicht überall und jederzeit gefragt und beliebt. Doch es gibt sie, und wir sind für sie dankbar. Sie melden sich zur Zeit und zur Unzeit, verschaffen sich Gehör und sorgen für Widerspruch. Zumal jene, die darauf aufmerksam machen, dass nicht alles, was im Lande glänzt, Gold ist.

MIT DER ZEITMASCHINE ZURÜCK IN DIE GESCHICHTE

Damit sind wir an jenem Punkt angelangt, an dem ich Ihnen berichten will, was mir an der Geschichte der Schweiz bedeutsam erscheint. Ich lade Sie ein, diesmal nicht in einen Zug zu steigen und durch die Landschaft zu fahren, sondern in eine Zeitmaschine, die uns durch zweieinhalb Jahrtausende Geschichte führt. Ich weiß, dass dies ein ziemlich willkürliches Unternehmen ist, denn ich erwähne hier nur Dinge, die mir für ein Verständnis der Schweiz nützlich scheinen. Ich blättere durch eine Chronik und halte das fest, was in meinen Augen bedeutsam ist. Dabei habe ich allerdings einige andere Schweizer und Schweizerinnen im Hinterkopf, die mich gelehrt haben, die Schweiz als ein offenes Land zu sehen.

Sie machen für mich die Schweiz zur Heimat, gerade weil sie Grenzüberschreiter waren. Sie waren Doppelagenten des Geistes aus dem verständlichen Interesse heraus, die Welt nicht kleiner zu erleben, als sie in Wirklichkeit ist. Deshalb beschäftigten sie sich nie nur mit der Geschichte des eigenen Landes, sondern sahen diese immer in größerem Kontext. Künstler leben und praktizieren mehrfache Loyalitäten. Politisch sind sie vielleicht überzeugte Patrioten. Kulturell gehören sie immer einem größeren Raum an, als es das Land ist, in dem sie gerade leben. Zur intellektuellen Kultur gehört es, im Eigenen nur partiell beheimatet zu sein. Sich in Nachbarschaft der großen Nationen für autonom halten, kann niemand, der kritisch über den Tausch nachdenkt, der zwischen Völkern, Sprachen und Kulturen vor sich geht. So ist es eine Sache der richtigen Selbsteinschätzung, die eigene Geschichte als komplementär zu betrachten zu einer anderen, an der man mitbeteiligt ist. Doch wäre es falsch, kleinere Staaten deswegen als unbedeutende Randzonen anzusehen, in denen das Dringliche später und das Wichtige weniger ausgeprägt zum Vorschein kommt. Schon eher sind sie Erfahrungsräume, in denen die Unmittelbarkeit des Eigenen sich beinah zwangsläufig verbindet mit einer Vorstellung von Größerem, das für die eigene Entfaltung wichtig wird.

Für ein Verständnis der Schweiz aus einem europäischen Kontext gibt es zahlreiche interessante Denkmodelle. Im 20. Jahrhundert drängen sich Namen wie Guy de Pourtalès, Denis de Rougemont oder François Bondy ebenso auf wie jene von Jean Rodolph von Salis, Herbert Lüthy oder Jean Starobinski. Auch unter den Künstlerinnen und Künstlern der Gegenwart gibt es zahlreiche Frauen und Männer, die sich nicht mehr damit zufrieden geben, nur das ins Visier zu nehmen, was sich innerhalb der Grenzen dieses Landes ereignet hat. Sie sind dazu übergegangen, Entdeckungskarten anzulegen für Klärungen, die geographisch und historisch weit über den schweizerischen Raum hinausgreifen. Wer die Schweiz wirklich begreifen will, muss sie in diesem europäischen

Kontext sehen. Das möchte ich für Sie auch mit der folgenden Chronik erreichen. Was also sollten Sie wissen, wenn Sie die Schweiz verstehen wollen? – Steigen Sie ein in meine für Sie gebastelte Zeitmaschine!

FRÜHE PRÄGUNGEN: VON DEN KELTEN ZU DEN RÖMERN

Der Anfang unserer Reise liegt nicht im Jahr 1291, dem mythischen Gründungsdatum, das an jedem 1. August gefeiert wird. Die Geschichte der Schweiz beginnt nicht erst, wie Patrioten uns gern glauben machen, mit der Gründung der Eidgenossenschaft. Wer das Land verstehen will, der muss auch die prägenden Einflüsse und langfristigen Entwicklungen berücksichtigen, die vorher auf das Gebiet der heutigen Schweiz einwirkten.

Um 400 v. Chr. siedeln zwischen Jura und Alpen vor allem keltische Stämme, aber auch schwer zuzuordnende Völker wie die Räter und Lepontier. Pfahlbausiedlungen aus der sogenannten La Tène-Zeit (ca. 5.–1. Jh. v. Chr.) mit reichen Funden an keltischen Waffen und Schmuck kennt man in der Gegend des Neuenburger Sees. Berteits 121 v. Chr. können die Römer die spätere Provinz Gallia Narbonensis bis in das Gebiet südlich des Genfer Sees ausdehnen. Ihr Sieg über die Kimbern und Teutonen um 100 v. Chr. ist eine Voraussetzung für das weitere Vordringen nördlich der Alpen.

Der Name «Helvetier» taucht zuerst Anfang des 1. Jh. v. Chr. in den Schriften des griechischen Philosophen Poseidonios von Apameia auf. In seinem Bericht «De Bello Gallico» schildert Julius Caesar die Kämpfe gegen die Helvetier und die Schlacht von Bibracte (in der Nähe des französischen Ortes Autun), in der er diese im Jahr 58 v. Chr. entscheidend geschlagen haben will. Die Überlebenden, so schreibt Caesar, schickt er zurück in die von ihnen vorher aufgegebene und zerstörte Heimat im schweizerischen Mittelland, wo sie ihre Wohnsiedlungen wieder aufbauen. Die erste Römerkolonie auf Schweizer Boden wird um 45 v. Chr. gegründet. Es ist die Colonia Iulia Equestris in Nyon (VD) am Genfersee.

Dass die heutige Schweiz unter den Einfluss des römischen Imperiums gerät, ist eine Weichenstellung, die bis heute nachwirkt. Die Römer unterwerfen um 15 v. Chr. das heutige Graubünden, das Rheintal und das Wallis. Neue römische Provinzen entstehen mit Namen Raetia und Belgica: Die Helvetier gehören zur Provinz Belgica, Graubünden und die Ostschweiz zur Provinz Raetia, Genf weiterhin zur Provinz Gallia Narbonensis. Die römische Besiedlung schreitet um die Zeitenwende rasch voran. Es entstehen Grenzfestungen gegen die Gallier, zum Beispiel die Siedlungen Vindonissa (Windisch AG), Aventicum (Avenches VD) oder Augusta Raurica (Augst BL). In der folgenden Zeit bauen die Römer auch in den Zentren der heutigen Schweiz (Winterthur, Zürich, Chur) ihre Stellungen aus. Straßen werden gebaut, die Verwaltung nach römischem Muster eingeführt. Römische Kultur breitet sich aus: Neue Stadt- und Wohnanlagen, Mosaiken und Statuen (politische und religiöse) zeugen von der Wirkkraft Roms. In der Kaiserzeit erhalten die Helvetier immer mehr Rechte, die sie den römischen Bürgern gleichstellen. Erst die um 233 einsetzenden Alamannen-Einfälle setzen der ruhigen Zeit des «Kaiserfriedens» ein Ende. 401 ziehen sich die Römer ganz nach Italien zurück, um ihre Truppen gegen den Einfall des Westgotenkönigs Alarich I. zu konzentrieren.

VÖLKERWANDERUNG UND CHRISTIANISIERUNG

Es beginnt die Zeit der Völkerwanderung von Norden nach Süden, die auch das Gebiet der heutigen Schweiz nachhaltig verändern wird. Den Anfang machen die Burgunder, die um 443 am Genfer See siedeln. Ihnen folgen die Alamannen, die um 496 am Oberrhein von den salischen Franken besiegt werden, und daher nach Süden ins Gebiet zwischen Rhein und Alpen ziehen. Nach dem Abzug der Römer dringen sie auch immer weiter in die Provinz Raetia vor: ins Gebiet südlich des Bodensees und Graubündens. Die Ortsnamen belegen bis zum heutigen Tag die allmähliche Germanisierung ursprünglich lateinischsprachiger Gebiete. Aber auch die Christianisierung macht Fortschritte. Im Jahr 305 erhält Martigny im unteren Wallis den ersten Bischof der Schweiz. Um 500 entsteht in Riva San Vitale (TI) das heute noch existierende Baptisterium: Diese Taufkirche ist eines der frühesten Zeugnisse hoher kirchlicher Baukultur auf heutigem Schweizer Boden. Seit dem späten 6. Jahrhundert beginnen zudem irische Mönche mit ihrer Missionstätigkeit in Mitteleuropa, was auch in der Schweiz zu einer verstärkten Ausbreitung des christlichen Glaubens führt.

Im 8. Jahrhundert schließlich tritt Karl der Große in Erscheinung. Schon vor seiner Krönung gehörten weite Teile der heutigen Schweiz zum Fränkischen Reich. Unter seiner Herrschaft kommt auch der Rest hinzu. Auf dem Weg nach Italien unterwirft er Genf und besiegt die Langobarden, einen germanischen Volksstamm, der sich unter anderem auf dem Gebiet des heutigen Kantons Tessin niedergelassen hatte. Nach seiner Krönung zum Kaiser in Rom im Jahr 800 gewinnen die Alpenpässe der Schweiz für die Karolinger stark an Bedeutung. Davon zeugen bis zum heutigen Tag die karolingischen Bauten und Fresken im Graubündnerischen Müstair, an der Pforte zum Vinschgau. Um 820 wird Sankt Gallen mit dem Kloster zu einem Zentrum des christlichen Glaubens. Es entsteht der «St. Galler Klosterplan», das Idealmodell für ein Benediktinerkloster. In der Klosterschreibstube werden wertvolle Handschriften angefertigt. Der Mönch Notker Balbulus (Der Stotterer) verfasst das «Liber Ymnorum», eine Hymnensammlung für die Feste des Kirchenjahres. Bei der Teilung des Frankenreiches im Jahre 843 wird das Gebiet der heutigen Schweiz überwiegend zum ostfränkischen Reich geschlagen, dem Kern des späteren Heiligen Römischen Reiches Deutscher Nation, dessen Teil die Schweiz zumindest formell bis 1648 bleiben wird.

Mit der Epoche Karls des Großen sind jedoch weder die Völkerwanderung noch die Christianisierung vollständig abgeschlossen. Im Jahr 917 verwüsten die Ungarn Basel und töten den Bischof. Die Sarazenen fallen um 920 ins Wallis ein, 936 in Rätien und zerstören Chur. Dennoch ist es auch die Zeit, in welcher Fürsten und Bischöfe ihre lokalen und regionalen Einflussbereiche aufbauen und ihre Herrschaft zunehmend sichern. Um 1100 üben Adelsfamilien wie die Grafen von Kyburg (bei Winterthur) oder die Grafen von Lenzburg die Gerichtsbarkeit über weite Gebiete der deutschen Schweiz aus und errichten mächtige Stammsitze. Auch die Habsburger können nach und nach ihr Territorium auf dem Gebiet der heutigen Schweiz ausdehnen. Mit dem Investiturstreit im späten 11. und frühen 12. Jahrhundert beginnt der Aufstieg der Zähringer, die große Gebiete der Westschweiz kontrollieren, darunter die Städte Bern, Freiburg, Murten, Schaffhausen, Solothurn, Thun und Zürich. Zudem verleiht der Staufer-Kaiser Friedrich I. Barbarossa dem Herzogtum der Zähringer 1156 die Reichsvogtei über die Bistümer Genf, Lausanne und Sitten. 1218 stirbt Berchtold V. von Zähringen ohne männliche Nachkommen, woraufhin sich die Kyburger weiter Teile seines Besitzes bemächtigen. Die Städte Zürich, Bern, Schaffhausen und Solothurn fallen allerdings an das Reich zurück, eine für die zukünftige Entwicklung der Schweiz wichtige Weichenstellung.

Doch auch Klöster und Kunstwerke entstehen: 1138 etwa die Zisterzienserabtei Hauterive bei Posieux (FR), wo die asketisch lebenden Mönche in den kommenden Jahrzehnten wichtige Impulse für die Entwicklung von Landwirtschaft, Obst- und Weinbau geben. Im Jahr 1140 entsteht in der Kirche von Zillis (GR) die Bilderdecke, bestehend aus 153 bemalten Holztafeln. Es handelt sich um die älteste Felderdecke Europas, sie ist bis heute ein unvergleichliches Zeugnis religiöser Kunst des 12. Jahrhunderts. Auch andere bedeutende Kirchenbauten werden errichtet: So Notre-Dame-de-Bonmont in Chéserex (VD), die romanische Kirche von Giornico (TI), die Kathedrale Saint Pierre in Genf, die Kathedrale von Chur. In Müstair (GR) baut man neben der karolingischen Kirche die romanische Heiligkreuz-Kapelle. Die Fresken der St. Johann Kirche von Müstair gehören zu den wichtigsten Kunstdenkmälern aus karolingischer und romanischer Zeit.

Um 1230 wird der Alpenpass «Sankt Gotthard» durch den Bau der schon erwähnten Teufelsbrücke über der Schöllenenschlucht im

Kanton Uri begehbar, ein für die Schweiz einschneidendes Ereignis, da es ihre Rolle als Transitland bedeutend verstärkt. Nach der Fertigstellung der Brücke entstehen die ersten Säumergesellschaften für den Warentransport über den Gotthard. Um diese Zeit setzt auch das ein, was man heute die Walserwanderungen nennt: Deutschsprachige Bewohner des Oberwallis, Walliser, später Walser genannt, beginnen ihre Wanderungen über den Furkapass ins Urserental und weiter ins Vorder- und Hinterrheintal. Gefördert von rätischen Adelshäusern entstehen Walsersiedlungen. Die Walser halten im rätoromanischen Graubünden an ihrer deutschen Sprache fest.

KAMPF GEGEN DIE HABSBURGER: DIE ENTSTEHUNG DER EIDGENOSSENSCHAFT

Für viele Schweizer sind die bisher geschilderten Ereignisse nichts als dunkle Vorgeschichte. Die Glanzzeit ihres Landes beginnt für sie erst im späten 13. Jahrhundert. Tatsächlich liegen die Wurzeln des politischen Gebildes, aus dem sich die heutige Schweiz entwickelt hat, in dieser Zeit. Die Schweiz, die Sie kennen, ist ein friedlicher Staat, der nach innen und außen auf Ausgleich bedacht ist. Dies war jedoch nicht immer so. Im Gegenteil: Wenn Sie diese Grundhaltung verstehen wollen, dann müssen Sie sich vor Augen halten, wie sehr die Geschichte des Landes zunächst von Kriegen und gewaltsamen inneren Auseinandersetzungen geprägt ist. Schon die Gründung der Eidgenossenschaft vollzog sich in zähem Ringen mit den Habsburgern, zu deren Feudalherrschaft bereits Anfang des 13. Jahrhunderts weite Teile der Zentralschweiz und das Elsaß gehören. Der Stauferkaiser Friedrich II. hatte auch die Vogtei Uri an die Habsburger verpfändet. Doch sein Sohn, der deutsche König Heinrich VII., unterzeichnet 1231 im elsäßischen Hagenau den Freiheitsbrief der Urner, durch welchen Uri reichsunmittelbar wird. Die Verpfändung an die Habsburger wird damit rückgängig gemacht. 1240 werden die Schwyzer durch ein Dekret Kaiser Friedrichs II. (Freiheitsbrief von Schwyz) reichsfrei und von der Vogteiherrschaft der Habsburger befreit. Was auf dem Papier garantiert ist, wird von der Wirklichkeit jedoch nicht eingelöst. Die Habsburger erweitern zudem durch Zukäufe von Territorien der Kyburger, deren Geschlecht 1263/64 ausstirbt, ihren Einflussbereich. 1273 wird Graf Rudolf I. von Habsburg zum deutschen König gewählt und ist damit der mächtigste Territorialherr im Gebiet der Zentralschweiz. Er kontrolliert die Nordseite des Zugangs zum Gotthard. Die Städte jedoch beginnen, sich gegen den Einfluss der Habsburger zu verbünden. Bürgerschaften beschließen erste Stadtordnungen. Der Schwerpunkt der Habsburgischen Macht verlagert sich derweil immer mehr nach Österreich: Nach dem Tod seines Rivalen Ottokar II. von Böhmen setzt Rudolf I. von Habsburg die Belehnung seiner beiden Söhne mit Österreich, der Steiermark, Kärnten und der Krain durch. Die Habsburger besitzen nun die stärkste Hausmacht im mitteleuropäischen Raum.

Doch 1291 stirbt Rudolf I. Bereits im August dieses Jahres beschwören die Leute des Tales Uri, die Landsgemeinde von Schwyz und die Gemeinde der Leute von Nidwalden ein ewiges Bündnis.

Denkmal für Wilhelm Tell in Altdorf im Kanton Uri, 1895

Der Bundesbrief der drei Waldstätte vom August 1291 gilt als das Gründungsdokument der Urschweiz. Er wird im Bundesbriefarchiv in Schwyz aufbewahrt. Die Erhebung gegen die Herrschaft der Habsburger beginnt. Erst 1470 allerdings stellt der Landschreiber Hans Schriber aus Obwalden Urkunden und Erzählungen über die Zeit des Ursprungs des Bundes der Waldstätte zusammen. Im «Weißen Buch zu Sarnen» ist erstmals vom Rütlischwur, vom Apfelschuss des Tell und vom Mord am habsburgischen Vogt Gessler die Rede.

Die Gründungsmythen der Schweiz finden also erst etwa 200 Jahre nach den historischen Ereignissen ihren Niederschlag. Dennoch gibt es eine Reihe von historischen Fakten, an denen nicht zu zweifeln ist, auch wenn die Gründung der Eidgenossenschaft anders vor sich gegangen ist, als es die Schulbücher später erzählen. So geben sich die Landsleute von Schwyz um 1294 ein eigenes Landrecht. Die Bestimmungen richten sich vor allem gegen die Klöster, welche mit den Schwyzern in Streit lagen wegen Steuerzahlungen und Weidnutzungen. Auch die Städte rüsten auf und wehren sich gegen habgierige Fürsten: Um 1300 schützt sich die Stadt Zürich mit einem Mauerring, neun Türmen und sieben Stadttoren gegen Überfälle unliebsamer Reichsvögte.

Ein wichtiges Datum der Schweizer Geschichte ist der 15. November 1315. Da siegen nämlich die Schwyzer, Urner und Unterwaldner am Morgarten über das zahlenmäßig weit überlegene Ritterheer des Herzogs Leopold I. von Österreich. Hätte der Habsburger gesiegt, gäbe es die Schweiz heute vermutlich nicht. Drei Wochen nach dieser Schlacht erneuern die Leute aus Uri, Schwyz und Unterwalden in Brunnen ihren Bund. Die drei Urkantone wollen nach außen politisch gemeinsam handeln, keine Zahlungen an Grundherren entrichten, welche gegen eine der Talschaften Krieg führen und keine Herren anerkennen ohne das Einverständnis aller Länder. Luzern, noch im Herrschaftsbereich der Habsburger, schließt 1332 mit den Urkantonen einen Bund und wird damit zum Vierten Ort der Eidgenossenschaft. Von Jahrzehnt zu Jahrzehnt nimmt der

Verband in der Folge an Größe und Bedeutung zu. Bereits 1339 besiegen die Berner mit Hilfe der Waldstätte in der Schlacht bei Laupen (BE) die zu Österreich gehörenden Freiburger und beginnen im Anschluss daran die ehemaligen Herrschaftsgebiete alter Adelsfamilien in den Einflussbereich der Stadt zu bringen. Um die Mitte des 14. Jahrhunderts schließt Zürich ein ewiges Bündnis mit den Eidgenossen aus der Urschweiz und Luzern (Der Zürcher Bundesbrief). Auch das Land Glarus sowie Stadt und Amt Zug treten dem Bund der Eidgenossen bei, der nun sieben Orte umfasst. Schließlich schließt die Stadt Bern 1353 mit den Urkantonen den «Berner Bund». Durch diese Beitritte und die wachsende Zahl sogenannter «zugewandter Orte» vergrößert sich nach und nach die Macht der Eidgenossen. Allerdings darf man sich den Bund auch nicht zu eng vorstellen. Lange Zeit handelt es sich eher um ein loses Bündnis mehrerer Orte, die jeweils über ein eigenes Herrschaftsgebiet verfügen und sich nur auf in unregelmäßigen Abständen tagenden Zusammenkünften, den sogenannten «Tagsatzungen», über die gemeinsamen Belange verständigen.

Zudem sind die Habsburger weiterhin ein gefährlicher Nachbar, mit dem man sich nach Möglichkeit besser gut stellt. So konnte Herzog Albrecht II. von Österreich 1352 nach einer militärischen Intervention die alten Machtverhältnisse sogar kurzzeitig wiederherstellen. In Zürich stirbt 1360 Bürgermeister Rudolf Brun, der 24 Jahre lang die politischen Geschicke der Stadt gelenkt hatte und dabei auf wechselhafte Bündnisse und Vereinbarungen mit den Eidgenossen und den Habsburgern setzte. Auch in der Folgezeit rangen in Zürich proeidgenössische und österreichfreundliche Gruppierungen um die Macht. So geschlossen, wie es gerne dargestellt wird, agierten die Verbündeten lange nicht. Erst 1370 vereinbaren die eidgenössischen Orte im sogenannten «Pfaffenbrief» eine neue Rechtsordnung. Dabei geht es um die Sicherung des Landfriedens, die Wahrung des Gerichtsstandes, aber auch um die Sicherheit des Verkehrs zwischen Zürich und dem Gotthard. Sogar ein Fehdeverbot ist Teil der Vereinbarung. Im gleichen Jahr erlässt der Bürgermeister und Rat von Zürich ein

Arnold von Winkelried wirft sich
bei Sempach in die Spieße der
Österreicher, Holzstich um 1860

Kleidermandat. Darin wird festgelegt, welche Kleidung der männliche
und weibliche Stand zu tragen hat, welche als unangemessen und
unschicklich zu gelten hat. Man hatte also auch noch Zeit, um sich
Gedanken über innere Sicherheit und Schicklichkeit zu machen.

Die nächste Auseinandersetzung mit den Habsburgern findet
bereits 1386 statt. In der Schlacht bei Sempach (LU) besiegen die Eidgenossen die Ritter des Herzogs Leopold von Österreich. Der Herzog
fällt im Kampf. Mit dieser Schlacht ist ein weiterer helvetischer
Mythos verbunden, den fast alle Schweizer kennen: Der aus Unterwalden stammende Arnold von Winkelried soll sich in die Spieße
der Österreicher geworfen haben, um die Phalanx der Feinde zu
durchbrechen und so den Eidgenossen den Nahkampf mit den Rit-
tern zu ermöglichen. Das älteste Zeugnis, in welchem der Name

Winkelrieds auftaucht, ist allerdings die Abschrift eines Liedes über den Helden von Sempach aus dem Jahre 1531!

Auch 600 Glarner besiegen 1388 mit Hilfe von 50 Schwyzern bei Näfels das österreichische Ritterheer. Im sogenannten «Sempacherbrief» entwerfen die Eidgenossen 1393 eine elf Artikel umfassende Kriegsordnung, in welcher festgehalten wird, wie die am Krieg Beteiligten sich im Kampf zu verhalten haben, wann was geplündert werden darf und wer nicht angegriffen werden soll. Ein Augustinermönch notiert in einer Chronik der Zeit: «Unwiderstehlich ist die Wucht dieses Volkes der Barbaren, was die Herzöge von Österreich erfahren mussten ... Es ist ein unbesonnenes Volk, das mit einem eintönigen und schrecklichen Geschrei in den Kampf zieht.» Vergessen wir aber nicht, dass neben den Kriegen auch andere Gefahren und Unvorhersehbarkeiten das Leben damals gefährdeten: Um 1400 leben in der Schweiz nur ca. 650 000 Menschen, rund ein Viertel weniger als 100 Jahre zuvor. Ursache des Bevölkerungsschwunds sind neben den gewaltsamen Auseinandersetzungen vor allem Krankheiten und Seuchen.

EXPANSION UND KONFLIKTE IM INNEREN

Die erste Hälfte des 15. Jahrhunderts ist für die eidgenössischen Orte geprägt von Eroberungsfeldzügen und Verträgen mit zugewandten Orten. Um 1410 rücken Uri und Unterwalden nach Süden und gewinnen die Leventina als Untertanenland. Das Tor nach Italien ist nun unter Kontrolle der Innerschweizer. Appenzell wird nach längeren kriegerischen Auseinandersetzungen mit dem Abt von St. Gallen 1411 in das Burg- und Landrecht der eidgenössischen Orte aufgenommen. 1415 werden dem zu diesem Zeitpunkt mit der Reichsacht belegten Herzog Friedrich IV. von Habsburg weitere Gebiete entrissen. Um die Beute gerecht zu verteilen, verwalten die Eidgenossen Teile der Territorialgewinne in Zukunft gemeinsam. Diese «Gemeinen Herrschaften» stellen seitdem ein wichtiges Bindeglied zwischen den Verbündeten dar. Aber es folgen auch Rückschläge. In der Schlacht von Arbedo werden 1422 die Truppen der Eidgenossen (vor allem Uri und Luzern) von den Mailändern geschlagen. In der Folge geht Bellinzona wieder an Mailand verloren.

Selbst unter einander waren die Eidgenossen zu dieser Zeit allerdings weniger friedlich, als man es sich denken könnte: 1440–1446 findet der alte Zürichkrieg statt: Es sind Auseinandersetzungen Zürichs mit den Eidgenossen über das Verhältnis zu Österreich und um verschiedene Besitztümer. Kriegerische Handlungen gibt es dabei an mehreren Orten: St. Jakob an der Sihl, Brugg, Laufenburg, St. Jakob an der Birs, Ragaz. Zürich schließt einen Bund mit Österreich, auch die Franzosen greifen ein. Am Ende der Turbulenzen gibt

Karl der Kühne lässt die Besatzung von Grandson ertränken und aufhängen, Holzschnitt nach der eidgenössischen Chronik des Johannes Stumpf, 1547/48

es Friedensverhandlungen in Konstanz, bei denen das unterlegene Zürich endgültig auf die eidgenössische Option festgelegt wird.

Während sich im Süden des Landes für die Eidgenossen die Lage beruhigt – Francesco I. Sforza, Herzog von Mailand, schließt einen Freundschaftsvertrag mit Bern, Luzern, Uri, Schwyz und Unterwalden, diese Orte werden von Zöllen auf dem Weg nach Mailand befreit und den Urnern wird der Besitz der Leventina bestätigt –, bricht im Westen schon ein neuer Krieg aus: Bern erklärt 1474 im Namen der Eidgenossenschaft Herzog Karl dem Kühnen von Burgund den Krieg. Der Burgunderkrieg beginnt. Im Februar 1476 erobert Karl der Kühne Stadt und Burg von Grandson und lässt die 412 Mann umfassende eidgenössische Besatzung im See ertränken oder an Bäumen aufhängen, ein weiteres Ereignis, das den Schweizern bis heute im Gedächtnis ist.

Schon wenig später jedoch können die Eidgenossen die Scharte auswetzen. Bereits im Juni des Jahres gelingt es ihnen, die Truppen Karls des Kühnen bei Murten entscheidend zu schlagen. Im Januar 1477 schließlich fällt der Burgunderherzog in der Schlacht von Nancy. Ein Jahr später beschließt der Friede von Zürich den Burgunderkrieg. Aber auch wer Kriege gewinnt, hat am Ende gewaltige Verluste zu beklagen. Und die inneren Interessenskonflikte sind nach den Kriegen keineswegs verschwunden.

Um die internen Spaltungen – vor allem zwischen den fünf Städten und den drei ländlichen Ortschaften beizulegen, schließen die acht alten Orte der Eidgenossenschaft im Jahr 1481 das sogenannte «Stanser Verkommnis» (d. h. Stanser Abkommen), dessen Ergebnisse zum Teil bis zur Französischen Revolution in Kraft bleiben. Zudem werden die Städte Solothurn und Freiburg in die Eidgenossenschaft aufgenommen. Eine entscheidende Rolle spielten bei der Befriedung der bestehenden Spannungen die Ratschläge des Eremiten Niklaus von Flüe. Sein Ruf als weiser Ratgeber hatte sich schon zu seinen Lebzeiten weit über Mitteleuropa verbreitet. Herrscher wie Herzog Ludovico Sforza aus Mailand und Herzog Sigismund von Tirol suchten seinen Rat. Er warnte vor «Reisläuferei», wie der Dienst als Söldner bezeichnet wurde, Eroberungspolitik und Einmischung in fremde Angelegenheiten. Seine Empfehlung «Macht den Zaun nicht zu weit!» sollte bis in unsere Tage hinein Wirkung zeigen bei der Frage, wie weit die Schweiz Teil größerer politischer Gemeinschaften werden soll. 1487 stirbt in Ranft bei Sachseln (OW) der Mystiker und Einsiedler, der 1669 selig, aber erst am 15. Mai 1947 von der katholischen Kirche heilig gesprochen wurde.

EMANZIPATION VOM HEILIGEN RÖMISCHEN REICH

Zu diesem Zeitpunkt besitzen die Eidgenossen bereits ein ausgeprägtes Gefühl ihrer Eigenständigkeit. Zwar verstehen sie sich noch als Teil des Reiches. Als Kaiser Maximilian I. am Ende des 15. Jahrhunderts seinen Einfluss durch Reformen und die Einrichtung übergreifender Institutionen wie des Reichskammergerichts zu stärken versucht, leisten die Eidgenossen jedoch Widerstand. Der Konflikt wird im sogenannten «Schwabenkrieg» ausgetragen. 1499 besetzen Tiroler Truppen das Kloster Müstair im Münstertal. Die Bündner schaffen es jedoch, die Österreicher wieder zu vertreiben. Maximilian I. ruft daraufhin die im Schwäbischen Bund vereinigten Reichsstädte zur Allianz gegen die Bündner und die Eidgenossen. Auch in diesem Krieg bleibt das Schlachtenglück den Schweizern treu. Die Bündner siegen am Zugang zum Münstertal an der Calven, verlieren jedoch Benedikt Fontana, den Führer des Heeres des Gotteshausbunds. Er wird später zum «Winkelried» Graubündens. Die Entscheidungsschlacht im Schwabenkrieg findet am 22. Juli bei Dornach im Birstal statt, in der die Eidgenossen die kaiserlichen Truppen schlagen. Im Frieden von Basel (September 1499) wird die Eidgenossenschaft von den Reformen ausgenommen und wächst danach zunehmend aus dem Reich heraus. Als Folge des Sieges können zudem 1501 Basel und Schaffhausen als 11. und 12. Ort in die Eidgenossenschaft aufgenommen werden. Als 1513 Appenzell folgt, ist der alte Bund komplett, der bis zur Französischen Revolution Bestand haben wird.

Die militärischen Erfolge machen die Schweizer Soldaten zu dem wohl begehrtesten Exportartikel des Landes. In der ersten Hälfte des 16. Jahrhunderts kommt es geradezu zu einem Wildwuchs des schweizerischen Söldnerwesens. Es sind die Tausenden von Schweizer Männern, die im Dienst unterschiedlicher fremder Herrschaften ihr Brot verdienen und so auf Schlachtfeldern sich oft in gegeneinander kämpfenden Lagern befinden. Bei der Belagerung von Novara um 1500 stehen 10 000 Schweizer Söldner im Dienste Frankreichs 6000 «Reisläufern» vor allem aus dem Wallis und Graubünden gegenüber, die im Dienst des Mailänder Herzogs Ludovico Sforza stehen. Das von Mailand gehaltene Novara kapituliert, die Schweizer Söldner des Sforza-Herzogs gehen ins Lager der Franzosen über. Die 12 Orte beschließen bereits 1503 in Baden (AG) den sogenannten «Pensionenbrief», in welchem das freie, d. h. nicht von der Obrigkeit autorisierte «Reislaufen» verboten wird. Bei kriegerischen Auseinandersetzungen in Italien waren bereits an die 30 000 eidgenössische Söldner gefallen. Der Beschluss ist jedoch nicht sehr wirksam. Schneller Reichtum und Abenteuer locken weiterhin die Eidgenossen in den Söldnerdienst. In Rom wird 1506 die päpstliche Schweizergarde gegründet. Matthäus Schiner, Bischof von Sitten, vermittelt 1510 ein Bündnis zwischen Papst Julius II. und den Eidgenossen. Zum Schutz des Kirchenstaates dürfen bis 6000 Söldner angeworben werden. Aber auch die Schweizer selbst verzichten noch nicht auf Kriege, aus denen sie wirtschaftliche Vorteile für sich errechnen. So erobern 1512 eidgenössische Heere Domodossola und das Mendrisiotto. Die Graubündner holen sich das Veltlin, Bormio und Chiavenna. Auf ausländischen Kriegsschauplätzen wird die Lage der Eidgenossen jedoch immer schwieriger. In der Schlacht von Novara 1513 besiegen sie zwar das französische Heer und zwingen die Franzosen zum Rückzug über die Alpen. Die Expansionspolitik ist auf ihrem Höhepunkt. Doch 1515, in der Schlacht von Marignano, werden die etwa 20 000 Eidgenossen von den vereinigten Franzosen und

Venezianern entscheidend geschlagen. Von den 12 000 Gefallenen sind die Mehrzahl Eidgenossen. Marignano wird zum Wendepunkt in der Söldner- ebenso wie in der Eroberungspolitik. Der Friedenschluss mit Frankreich 1516 verpflichtet die Schweizer zur Neutralität, garantiert ihnen aber die Eroberungen südlich der Alpen mit Ausnahme des Eschentals.

KUNST UND KULTUR

Aus dem bisherigen Verlauf unserer Zeitreise konnten Sie den Eindruck gewinnen, als habe sich die Schweizer Geschichte nur auf Schlachtfeldern abgespielt. Gut ist jedoch zu wissen, dass man in dieser Zeit nicht nur Kriege führte, sondern auch für anderes noch Sinn hatte: Bei allen Zerstörungen und Plünderungen werden in dieser Frühphase der Eidgenossenschaft zwischen dem späten 13. und dem frühen 16. Jahrhundert doch auch zahlreiche Kunstwerke geschaffen, deren Glanz bis in unsere heutige Zeit reicht. Denken Sie nur an Rüdiger Manesse II., der, bevor er 1304 in Zürich stirbt, mit seinem Sohn eine umfangreiche Sammlung mittelhochdeutscher Lieder zusammenstellt, die später als die «Manesse-Handschrift» bekannt wird. In verschiedenen Kirchen Graubündens, zum Beispiel Waltensburg, Rhäzüns und in der Kathedrale von Chur entstehen in der spätmittelalterlichen Epoche großartige gotische Wandmalereien, die man einem unbekannten «Waltensburger Meister» und seiner Werkstatt zuschreibt. Während die weltlichen Herren streiten, arbeiten die Künstler und auch die Gelehrten entdecken die Macht des Wissens: Konrad Witz malt 1444 für die Genfer Kathedrale Saint-Pierre den «Petrusaltar» mit dem Bild des «wunderbaren Fischzugs». Es handelt sich dabei nicht nur um ein großes Meisterwerk, sondern auch um die Darstellung der ersten identifizierbaren Real-Landschaft: jener des Genfersees. 1460 wird die Universität Basel gegründet. Sie geht zurück auf einen Erlass von Papst Pius II. (Enea Silvio Piccolomini), der am Basler Konzil teilgenommen hatte. In der Gründungsbulle spricht er den Wunsch aus, dass Basel «ein sprudelnder Quell der Wissenschaften sei, aus dessen Fülle alle die schöpfen mögen, welche in die Lehren des Wissens eingeweiht zu werden wünschen». Bereits 1462 lassen sich auch die ersten Buchdrucker in Basel nieder. Der aus Bayern stammende Johannes Froben druckt hier 1491 die erste lateinische Bibel. Er kam aus der Werkstatt des aus Reutlingen nach Basel gezogenen Johannes Amerbach, der bereits 1478 ein lateinisches Wörterbuch von Johannes Reuchlin, 1481 eine Bibel und 1489 Schriften der Kirchenväter druckte. Froben ist der erste, der nördlich der Alpen Typen des Venezianers Aldus Manutius verwendet. Von Basel aus verbreitet sich der Buchdruck auch in andere Städte der Schweiz, so nach Burgdorf (BE), Genf und Zürich. 1494 erscheint in Basel «Das Narrenschiff» des Straßburgers Sebastian Brant. Dieser erwarb in Basel den Doktor der Rechte, wurde 1492 dort Dekan der juristischen Fakultät und zog um 1500 wieder zurück nach Straßburg, wo er später als Stadtschreiber und Kaiserlicher Rat amtete.

DIE REFORMATION IN DER SCHWEIZ

Mit dem Buchdruck eng verknüpft ist ein Ereignis von europäischer Dimension, das auch die Geschichte der Schweiz nachhaltig prägen wird: die Reformation. Sie bringt Umwälzungen der tiefgreifenden Art und führt zu neuen, heftigen internen Auseinandersetzungen unter den Eidgenossen. Hatten die Schweizer bis zum frühen 16. Jahrhundert zwar nicht ausschließlich, aber doch vorwiegend mit äußeren Gegnern gerungen, so folgen nun in erster Linie innerer Hader und Kriege der Eidgenossen untereinander.

Die Schweizer Reformation nimmt ihren Ausgang in Zürich. 1519 beginnt der Leutpriester Ulrich Zwingli seine Tätigkeit am Zürcher Großmünster. 1523 stellt er seine «67 Schlussreden» vor. Der Rat der Stadt unterstützt die reformatorischen Bestrebungen. Zwingli plädiert für behutsame Neuerungen gegen radikalere Köpfe, welche die sofortige Abschaffung der Messe und die Entfernung des kirchlichen Bilderschmucks fordern. In der Stadt St. Gallen wird Vadian für die reformatorischen Veränderungen sorgen – er versucht 1529 sogar das Kloster St. Gallen aufzuheben. In Graubünden findet die Reformation ihren Erfolg mit dem Wirken von Johannes Commander, in Basel mit Johannes Ökolampad und in weiten Teilen der französischen Schweiz mit dem Franzosen Guillaume Farel. Die Gemeinden der rätischen Bünde schließen sich 1524 in Chur zum Freistaat Gemeine Drei Bünde zusammen, auf «ewige Zeiten, solange Grund und Grat steht», doch die Verbreitung der Reformation sorgt für tiefgreifende Differenzen und unterschiedliche politische Ausrichtungen. Denn schon bald wird absehbar, dass die fünf inneren Orte, Uri, Schwyz, Unterwalden, Luzern und Zug, sich der Reformation nicht anschließen werden. In Zürich übergibt derweil die Äbtissin Katharina von Zimmern die Abtei Fraumünsterstift mit allen Rechten und Besitztümern an den Rat der Stadt. Sie wird Stadtbürgerin, erhält eine Rente und heiratet. Das Zürcher Chorherrenstift wird danach in eine theologische Lehranstalt umgewandelt, deren Leiter Zwingli wird und die vor allem der Heranbildung reformierter Pfarrer dient. Die Bibeltexte werden in hebräischer, griechischer und lateinischer Fassung studiert und ausgelegt. Aus der früheren Lateinschule, welche die Studierenden für das Studium an auswärtigen Universitäten vorbereitete, ist eine theologische Hochschule geworden. Die Berner Disputation bringt 1528 den Durchbruch der Reformation auch in Bern. Religiöser Übereifer führt im Februar 1529 zum Basler Bildersturm. Dabei werden auch Kunstwerke von Hans Holbein d. J. zerstört. Im Juni 1529 kommt es zwischen den katholischen Orten und den reformierten Städten zu ersten kriegerischen Verwicklungen, obgleich Niklaus Manuel, der Berner Dichter, Maler und Ratsherr mahnt, dass man «mit Spieß und Halbarte nicht den Glauben in die Herzen pflanzen» könne. Durch einen Kompromiss wird im ersten Kappeler Landfrieden (Kappel am Albis) ein umfassender Krieg zunächst noch abgewendet. Die durch Glaubensfragen Zerstrittenen essen zusammen die «Kappeler Milchsuppe», die Katholiken der Fünf Orte liefern die Milch, die Zürcher Protestanten das Brot, und man löffelt danach gemeinsam die Suppe aus. Doch bereits 1531 erklären die katholischen Orte den reformierten wieder den Krieg. Der Zweite Kappeler Krieg beginnt. Die schlecht geführten Truppen der Zürcher werden bei Kappel von den Katholiken geschlagen. Zwingli fällt in der Schlacht. Im Zweiten Kappeler Landfrieden wird nun die konfessionelle Spaltung der alten Eidgenossenschaft festgeschrieben. Reformierte und katholische Minderheiten sollen geschützt werden.

Die Bürgerschaft von Genf nimmt 1536 den reformierten Glauben an, von Farel verkündet. Als der 27-jährige Jean Calvin nach Genf kommt, bewegt Farel ihn zum Bleiben. In diesem Jahr war in Basel seine «Chistianae religionis institutio» erschienen: Das lateinische Werk findet in ganz Europa Verbreitung. Es wird zu einem wichtigen Dokument, in dem Calvin eine neue, anderen Reformatoren widersprechende Prädestinations- und Abendmahlslehre darlegt. 1542 tritt Calvins Genfer Kirchenordnung in Kraft. Die Aufgaben von Pastoren, Lehrern und Gemeindeältesten werden geregelt. Ein Konsistorium wacht über Sittenzucht und Lebensführung. Auch in den Nachbarländern führt die Reformation zu Verfolgungen und Vertreibungen. Die Stadt Genf nimmt ab der Mitte des Jahrhunderts zahlreiche Glaubensflüchtlinge aus katholischen Ländern auf. In den folgenden Jahren etwa werden viele französische Uhrmacher aus Glaubensgründen nach Genf ziehen. Eine handwerkliche Kunst beginnt sich zu entfalten, welche für die Industriegeschichte der Schweiz hochbedeutsam wird. 1601 wird in Genf die erste Uhrmacherzunft der Welt entstehen.

Doch auch die Gegenreformation setzt ihre Zeichen. 1570 besucht der Kardinal von Mailand Carlo Borromeo die katholische Schweiz und schreibt einen Bericht über die Missstände in der Kirche. («Das Leben der Priester ist unehrbar und anstoßerregend, weil, ganz wenige ausgenommen, sie die Konkubine öffentlich im Hause halten.») Auf seine Initiative sendet der Papst den ersten Nuntius in die katholische Schweiz. Der Kardinal veranlasst auch, dass in Luzern ein Jesuitenkolleg entsteht, dessen Hauptaufgabe die Heranbildung der katholischen Priester ist. Die konfessionelle Spaltung der Eidgenossenschaft verfestigt sich jetzt immer mehr und bedroht zunehmend den Zusammenhalt des Landes, da sich die streitenden Parteien Verbündete unter den europäischen Mächten suchen. Die Spaltung zeigt sich auch in Äußerlichkeiten: 1582 ordnet Papst Gregor XIII. die Reform des seit 46 v. Chr. geltenden julianischen Kalenders an. Die katholischen Orte der Eidgenossenschaft folgen von nun an dem gregorianischen Kalender, die Reformierten behalten die alte Zeitrechnung zum Teil bis 1701 bei. Zum Ende des Jahrhunderts findet eine Spaltung zwischen Katholiken und Protestanten noch anderswo statt: Ein Schiedsspruch der eidgenössischen Orte teilt 1597 das Land Appenzell in das reformierte Außerrhoden und das katholische Innerrhoden.

DIE ZEIT DER RELIGIONSKRIEGE

Aus dem größten europäischen Glaubenskonflikt, dem Dreißigjährigen Krieg von 1618 bis 1648, vermag sich die Schweiz dennoch weitgehend herauszuhalten. Doch zuvor, um 1602, greift Savoyen Genf an und wird von den Genfern zurückgeschlagen. Das Ereignis legt den Grundstein für die Unabhängigkeit Genfs. Seit 1603 wird es dort bis heute als Volksfest gefeiert (Escalade). Die eigentlichen Religionskriege dieser Zeit beginnen in der Schweiz um 1619 und beschränken sich weitgehend auf Graubünden. Das Strafgericht zu Thusis verurteilt 157 Anhänger der katholisch-spanischen Fraktion. Unter den Hingerichteten sind der Landammann des Bergells, Baptist Prevost, und der Erzpriester von Sondrio, Nicola Rusca. Dieses Strafgericht ist der erste unheilsame Auslöser jener Ereignisse, die als die Zeit der «Bündner Wirren» bekannt geworden ist. Die katholischen Veltliner erheben sich 1620 gegen die mehrheitlich protestantischen Bündner Landesherren. Es kommt zum «Sacro macello». Die Protestanten im Veltlin werden umgebracht oder vertrieben. In der Folge wird Graubünden zum Kriegsschauplatz der Großmächte. Die Franzosen bilden mit den Venezianern die eine Fraktion, die andere besteht aus mailändisch-spanischen und österreichischen Truppen. 1631 trifft Herzog Henri de Rohan mit seinen Soldaten im Auftrag Richelieus in Graubünden ein. Er erhält das Oberkommando über die Regimenter der reformierten Bündner. Unter der Leitung von Georg Jenatsch, der schließlich 1639 in Chur ermordet wird, erheben sich die Bündner gegen die Franzosen. Diese kapitulieren und verlassen das Land. In Mailand wird schließlich ein «Ewiger Frieden» zwischen den Bündnern und Österreich-Spanien geschlossen. Das Veltlin gehört weiter den Bündnern, bleibt aber katholisch. Die Ereignisse in Graubünden machen deutlich, was der ganzen Eidgenossenschaft hätte drohen können, wenn sie noch stärker in den europäischen Konflikt hineingezogen worden wäre. Stattdessen erscheint die Schweiz in Grimmelshausens «Simplicissimus», der 1645 herauskommt, als ein vom Krieg unberührtes wunderbares Land («Das Land kam mir gegen andere deutsche Länder so fremd vor, als wenn ich in Brasilien oder in China gewesen wäre.») Bei aller Not, die in der Schweiz während dieser Zeit herrschte: Andere Länder, vor allem die Reichsgebiete nördlich der Alpen, hatten weit schlimmere Verwüstungen und Zerstörungen zu erdulden. 1648 beendet der Westfälische Friede von Münster und Osnabrück den Dreißigjährigen Krieg. Die Schweiz und die Stadt Basel erhalten jetzt auch die formelle Unabhängigkeit vom Heiligen Römischen Reich Deutscher Nation. Das Jahr ist für die Geschichte der Schweiz bedeutsam: Der Westfälische Friede stipuliert die Anerkennung der Unabhängigkeit und Neutralität der Schweiz durch die europäischen Mächte.

Die internen Konflikte bestehen freilich weiter. 1653 gibt es einen Aufstand der Bauern gegen die Städte. Die im Huttwiler Bund vereinigten Bauern unterliegen einem Heer der Tagsatzung. Die Bauernführer werden verurteilt und hingerichtet. Aber insbesondere die konfessionellen Gegensätze führen weiterhin zu gewaltsamen Auseinandersetzungen zwischen den Eidgenossen. Bei Villmergen siegt 1656 ein katholisches Heereskontingent aus Luzern über die Reformierten aus Bern. Im Villmerger Landfrieden wird danach das Recht

jedes Ortes auf freie Religion, Landeshoheit und souveräne Gerichtsbarkeit garantiert. Doch damit ist es längst nicht vorbei. Auslöser für
einen zweiten Villmerger-Krieg im Jahr 1712 wird der Streit zwischen dem reformierten Toggenburg und dem Kloster St. Gallen
über den Bau einer Straße, welche die katholischen Kantone mit
dem ebenfalls katholischen Süddeutschland verbinden soll. Die
Toggenburger erhalten Unterstützung von Bern und Zürich. Die reformierten Truppen besiegen am 25. Juli 1712 bei Villmergen die
Katholiken. Es ist die blutigste Schlacht der eidgenössischen Religionskriege. Mit dem anschließenden Friedensvertrag verschiebt sich
das Machtverhältnis zwischen den katholischen und reformierten
Kantonen. Die katholischen Orte verlieren nun ihre Dominanz.

DIE KUNST IN ZEITEN DER KRIEGE

Auch für die Zeit der konfessionellen Auseinandersetzungen gilt,
dass die Geschichte sich nicht in den kriegerischen Verwicklungen
erschöpft. Großes und Bleibendes geschieht gerade in turbulenten
Zeiten. So kehrt der Maler Hans Holbein d. J. 1519 von seiner Italien-
reise nach Basel zurück und wird dort zum bedeutendsten Vertreter
der deutschen Renaissance-Malerei. Gemälde wie «Der Leichnam
Christi im Grabe» werden geschaffen – ein Meilenstein in der Vereinigung von religiöser Thematik mit anatomischer Präzision. Auch
wichtige Porträts entstehen in dieser Zeit, etwa «Der schreibende
Erasmus von Rotterdam», sowie die Wandbilder im Großratssaal des
Rathauses. Holbein bleibt bis 1532 in Basel. Danach geht er nach
London und tritt 1537 in den Dienst König Heinrichs VIII. Um 1530
stirbt Niklaus Manuel, eine der farbigsten Gestalten der Renaissancezeit, in Bern. Im Kunstmuseum Bern befinden sich heute einige
seiner Bilder. Mit Fastnachtsspielen griff er in Glaubensfragen ein
zugunsten der Reformation und vertrat die Anliegen der Stadt Bern
auf vielen Tagsatzungen und diplomatischen Missionen. Erwähnt
werden soll hier auch ein großer Außenseiter der Medizin, dessen
Werk bis heute nachwirkt. 1541 stirbt in Salzburg der aus Einsiedeln

stammende Arzt und Naturforscher Theophrastus Bombastus von Hohenheim, genannt Paracelsus. Er ist der Begründer der Naturheilkunde, war Arzt, Feldchirurg und Hofalchemist. 1527 erhielt er einen Ruf an die Universität Basel. Seine kritische Haltung gegen die Schulmedizin schaffte ihm jedoch so viele Feinde, dass er im Jahr darauf die Universität erbittert wieder verließ. Er galt als einer der hervorragendsten Diagnostiker.

Auch die Historiker vermögen einige gewichtige Werke beizusteuern. Beim Buchdrucker Christoph Froschauer in Zürich erscheint 1548 die mit rund 4000 Holzschnitten versehene eidgenössische Chronik des Geschichtsschreibers Johannes Stumpf aus Bruchsal in Baden. In den kommenden Jahrzehnten werden weitere wichtige Chroniken erscheinen, jeweils aus protestantischer oder katholischer Sichtweise. Zu den bekanntesten gehört die schon erwähnte Chronik des Ägidius Tschudi aus Glarus (zwischen 1565 und 1572), welche die Jahre 1000–1470 umfasst und die wichtigste Quelle darstellen wird für Friedrich Schillers klassische poetische Gestaltung der Schweizer Gründungsgeschichte in seinem 1804 in Weimar uraufgeführten Stück «Wilhelm Tell». Dass gerade im 16. Jahrhundert so viele Versuche erscheinen, in denen die Schweizer Geschichte gedeutet und neu erzählt wird, zeigt, wie stark angesichts der großen Gegensätze das Bedürfnis ist, sich auch der Gemeinsamkeiten zu versichern. Gleichzeitig spiegeln die Chroniken den Kampf um das eidgenössische Erbe, der zwischen den beiden Konfessionen entbrennt.

Erwähnen sollte man ebenfalls Conrad Gessner, den Universalgelehrten aus Zürich. Er publizierte 1545 die «Bibliotheca universalis», ein Verzeichnis aller Schriftsteller und ihrer in lateinischer, griechischer oder hebräischer Sprache veröffentlichten Werke. Es sind darin rund 3000 Autoren verzeichnet sowie ein Schlagwortkatalog mit 30 000 Begriffen. Ebenso berühmt sind seine vier Bücher über Säugetiere, Amphibien und vierfüßige Reptilien, Vögel sowie Wassertiere, die Gessner als scharf beobachtenden Naturforscher ausweisen. Nicht vergessen dürfen wir zuletzt den Kunstsammler Basilius Amerbach, der gegen Ende des 16. Jahrhunderts in Basel stirbt. Seine reiche Sammlung enthält 49 Bilder, 1866 Zeichnungen, 3356 Kupferstiche und 526 Holzschnitte. Die Sammlung Amerbach wird 1661 an die Stadt und Universität Basel verkauft. Darin befinden sich zahlreiche Meisterwerke von Künstlern des 16. Jahrhunderts, die einen wichtigen Bestandteil jener Schätze ausmachen, die wir heute im Kunstmuseum Basel besichtigen können. Die politische und die Kriegsgeschichte laufen gewiss nicht parallel zur Kulturgeschichte. Doch in den befriedeten Zonen, in den Städten zumal, entstehen selbst in Kriegszeiten unvergängliche Kunstwerke.

NEUES DENKEN UND ALTE STRUKTUREN: DIE SCHWEIZ IM JAHRHUNDERT DER AUFKLÄRUNG

Das nun folgende 18. Jahrhundert möchte man auch in der Schweiz als jenes der Aufklärung, des Geistes und neuer freiheitlicher Ideen ansehen. Zwar ist die erste Hälfte noch stark durch konfessionell geprägte Aktivitäten bestimmt: Der Barock der Gegenreformation blüht an manchen Orten prächtig auf. So wird etwa 1723 die Stiftskirche von Einsiedeln, das Hauptwerk von Kaspar Moosbrugger, im Rohbau fertig. Die beiden Asam-Brüder und Francesco Carlone beginnen mit der Innenausstattung. 1735 wird die Klosterkirche eingeweiht. Doch auch solche triumphale Ausdrucksformen des Glaubens verstehen wir heute eher unter einem kulturellen als unter einem machtpolitischen Blickwinkel. Im Grunde ist das 18. Jahrhundert auch in der Schweiz wesentlich dadurch geprägt, dass ein neues Denken sich ausbreitet. Lassen Sie mich einige Beispiele aufzählen, die mir besonders am Herzen liegen: 1732 veröffentlicht der Berner Arzt und Schriftsteller Albrecht von Haller seinen «Versuch schweizerischer Gedichte». In der Sammlung befindet sich das zwischen Herbst 1728 und Frühjahr 1729 entstandene Gedicht «Die Alpen», in welchem Haller die Schönheit der Berge und die Einfachheit ihrer Bewohner besingt. Hallers Gedicht wird zum Vorbild klassischer Landschaftsschilderungen. 1747 gibt Albrecht von Haller sein richtungsweisendes Lehrbuch der Physiologie «Primae lineae physiologiae…» heraus. In diesem Jahr erscheint auch das von Johann Jakob Leu redigierte 20-bändige «Allgemeine eidgenössische Lexikon». Von 1765 an wird die «Encyclopédie d'Yverdon» publiziert: 58 Bände werden es bis 1789 sein. Johann Kaspar Lavater veröffentlicht zwischen 1775 und 1778 seine «Physiognomischen Fragmente zur Beförderung der Menschenkenntnis und der Menschenliebe» und Johannes von Müller 1780 seine erfolgreichen «Geschichten der schweizerischen Eidgenossenschaft». Die wohl originellste Lebensbeschreibung dieser Epoche verfasst Ulrich Bräker, der 1755 die Schweiz verlässt und Diener eines preußischen Werbeoffiziers, Soldat und später Deserteur wird. Seine Erlebnisse schildert er in der 1789 veröffentlichten «Lebensgeschichte des Armen Mannes im Tockenburg».

Um 1750 wird Zürich zu einem bedeutenden geistigen Mittelpunkt. Im Zentrum stehen der Kritiker und Übersetzer Johann Jakob Bodmer sowie der Philologe Johann Jakob Breitinger. Sie übersetzen Homer und Milton und geben das Nibelungenlied und die Manessische Liederhandschrift heraus. Durch ihre Tätigkeit werden sowohl die Antike wie auch das Mittelalter neu entdeckt. Zu ihnen gesellen sich Salomon Gessner, Autor von naturverbundenen Gedichten und Idyllen, sowie Johann Georg Zimmermann, der Leibarzt des englischen Königs in Hannover wird, und zahlreiche populärwissenschaftliche Werke veröffentlicht. 1780 schließlich erscheint hier zum ersten Mal die «Zürcher Zeitung» – heute «Neue Zürcher Zeitung» im Haus «Orell, Gessner, Füssli und Compagnie» – auch sie eine Frucht der Aufklärung. Die Schriftleitung will alle Neuigkeiten so schnell «als es andere von unseren Nachbarn thun können» verbreiten.

Aber auch Genf vermag bedeutende Geister anzuziehen. 1754 kommt der Schriftsteller und Philosoph Jean-Jacques Rousseau aus Frankreich in seine Heimatstadt, tritt zum Kalvinismus über und wird wieder Bürger der Stadt. Darüber herrscht nicht überall Freude.

In Genf ist das kalvinistische Denken noch fest verankert. Auf Beschluss der Genfer Regierung werden die Werke Jean-Jacques Rousseaus, sein «Contrat social» sowie «Émile» 1762 vor dem Rathaus verbrannt. Auch Voltaire zieht nach Genf und kauft 1755 die Villa «Les Délices» mit Blick auf den Genfer See. Die Schriftstellerin Madame de Staël, Tochter des Genfer Bankiers und späteren Finanzministers Jacques Necker, residiert seit 1792 immer wieder auf Schloss Coppet am Genfersee, wo sie eine europaweit ausstrahlende Salonkultur begründet.

Doch auch das wirtschaftliche Leben kommt zu neuer Blüte. Im Jahr 1755 eröffnet das Zürcher Bankhaus Leu sein Kreditgeschäft. Reiche Geschäftsleute hatten aufgrund der Kriege durch Kreditgeschäfte und Spekulationen mit ausländischen Banken viel Geld verloren. In Bern wird 1759 die Ökonomische Gesellschaft gegründet. Im Zeichen der Aufklärung interessieren sich die Gebildeten für Reformen vor allem im Gebiet der Landwirtschaft. In Genf gibt es um 1785 etwa 20 000 Beschäftigte in der Uhrenindustrie. Man arbeitet, forscht und entdeckt. Der Genfer Naturforscher Horace Bénédict de Saussure besteigt 1787 in Begleitung von 18 Trägern und Führern ein Jahr nach der französischen Erstbesteigung den Mont Blanc. Durch barometrische Höhenmessungen stellt er fest, dass der Mont Blanc der höchste Gipfel Europas ist. Über seine Exkursionen berichtet de Saussure in seinem vierbändigen Werk «Reisen durch die Alpen» (1779–1794). Er wird zum Begründer des schweizerischen Alpinismus. Und Johann Heinrich Pestalozzi gründet eine Erziehungsanstalt für fünfzig arme Kinder. Das Experiment wird zwar scheitern, doch die Ideen, die Pestalozzi in seinen Büchern entwickelt, machen seine pädagogischen Bestrebungen europaweit bekannt.

So aufgeklärt die einzelnen Geister sein mögen, in der Gesellschaft brodeln alte Vorurteile weiter. Dies wird an zwei Ereignissen im aufgeklärten Jahrhundert deutlich: 1782 findet in Glarus die letzte Hinrichtung einer Hexe statt. Die Dienstmagd Anna Göldi wurde beschuldigt, das Kind ihrer Herrschaft verhext zu haben. Und

Juden dürfen nach 1776 nur noch in den aargauischen Dörfern Lengnau und Oberendingen wohnen. Der Antisemitismus hat leider auch in der Schweiz eine lange Tradition. Im Spätmittelalter werden sogar in Städten wie Zürich Juden verbrannt, nachdem man ihnen Brunnenvergiftungen und Schuld an der Pest, am Schwarzen Tod, zur Last gelegt hat. Antisemitische Ausschreitungen gibt es zu dieser Zeit auch in Basel. Trotz der Schutzbestimmungen über eingesessene Juden kommt es immer wieder zu antijüdischen Exzessen. Ein Chronist notiert, es sei das Geld gewesen, weshalb man die Juden getötet habe.

DIE FRANZÖSISCHE REVOLUTION UND DAS ENDE DER ALTEN EIDGENOSSENSCHAFT

Der geistige Aufbruch im Rahmen der Aufklärung trifft in der Schweiz ebenso wie in vielen Staaten Europas auf ein alt gewordenes, innerlich erstarrtes politisches System. Die alte Eidgenossenschaft ist in zahlreiche einzelne Herrschaften zersplittert, mit nur ungenügenden Zentralinstanzen ausgestattet und durch ein vielfältig abgestuftes Privilegiensystem geprägt, das überkommene Ungleichheiten, etwa zwischen den Städten und den von ihnen beherrschten Landschaften, festschreibt. Den Erfordernissen der nun anbrechenden neuen Zeit vermag dieses spätmittelalterliche Gebilde nicht mehr zu genügen. Doch auf sich gestellt sind die Kräfte des Neuen nicht stark genug, um die Blockaden des Ancien Régimes aufzulösen. Dazu braucht es einen Anstoß von außen. Auch für die Schweiz wird die Französische Revolution zum wichtigsten politischen Ereignis des Jahrhunderts: Erneut zeigt sich hier, dass sich ihre Geschichte nur in einem europäischen Kontext verstehen lässt.

Zunächst halten sich die Auswirkungen der Revolution auf die Eidgenossenschaft noch in Grenzen. Aufgrund der Ereignisse im revolutionären Frankreich suchen 1790 zahlreiche französische Adlige Zuflucht in der Schweiz. Unter dem Eindruck der Revolution hebt zudem die Basler Regierung die Leibeigenschaft der Untertanen auf und 1791, am zweiten Jahrestag der Revolution, feiern in der Waadt, ebenso wie in anderen Ländern Europas, Teile der Bevölkerung die Vorgänge in Frankreich mit Freudenfesten. Die Schweiz beschäftigt freilich auch ein schockierendes Ereignis. Bei der Verteidigung der Tuilerien 1792 in Paris fallen 550 Schweizergardisten. Das 1821 in Luzern errichtete und bis heute von den Touristen gern besuchte Löwendenkmal im Gletschergarten in Luzern erinnert daran.

Die Stunde der alten Eidgenossenschaft schlägt erst, als Napoleon die europäische Bühne betritt. Schon als dieser 1797 zum Kongress von Rastatt reist, wird er in der Schweiz begeistert empfangen. Die alte Schweiz liegt in den letzten Zügen. Die Tagsatzung der Eidgenossenschaft tritt noch einmal in Aarau zusammen, um über die Neutralität des Landes und das Verhältnis zu Frankreich zu beraten. Doch inzwischen führen die Ideen der Französischen Revolution zu Unruhen und Aufständen in weiten Teilen des Landes, so in Basel, in der Waadt, in Bern. Man stürmt Adelsschlösser und stellt Freiheitsbäume auf. In Luzern dankt die aristokratische Regierung freiwillig ab. Als im Januar 1798 französische Truppen in der Schweiz einmarschieren, stürzt das morsch gewordene Ancien Régime zusammen. Die Franzosen besetzen zuerst die Waadt, dann Bern. Nach heftigem Widerstand müssen sich auch die katholischen und konservativen Urkantone der Innerschweiz den Franzosen geschlagen geben. Im April wird die vom Basler Peter Ochs erarbeitete unitarisch-rationalistische Verfassung einer Helvetischen Republik angenommen, in der die Souveränität der eidgenössischen Orte erstmals zugunsten einer zentralistischen Entscheidungsinstanz aufgehoben wird. Zugleich sieht die Verfassung ein indirektes, aber allgemeines Männerwahlrecht vor. Alle männlichen Bürger über 20 Jahre, die seit mindestens fünf Jahren in ihrer Gemeinde wohnen, bestimmen Wahlmänner, von denen wiederum die Mitglieder eines «Großen Rates» gewählt werden. Das Territorium der Schweiz wird in der Folge in Kantone aufgeteilt, die nur noch über wenige eigene Entscheidungsbefugnisse verfügen. Es beginnt die Zeit der Helvetischen

Republik, der «Helvetik», die sich allerdings nur bis 1802 halten kann. Denn nicht nur die Urkantone wehren sich gegen die Einführung der Einheitsverfassung. Auch in der Landbevölkerung kann die neue Republik vor allem wegen ihrer Kirchenpolitik und weil sie die Feudallasten nicht ersatzlos streicht nur auf wenig Unterstützung rechnen. Die Reformbemühungen der Helvetischen Regierung – darunter hervorragender Leute wie etwa des Ministers für Künste und Wissenschaft, Philipp Albert Stapfer, – scheitern zudem aufgrund mangelnder Finanzen und des Widerstandes führender Figuren, die auf frühere Privilegien nicht verzichten wollen.

Erschwerend kommt hinzu, dass die Schweiz nun, neben Süddeutschland und Italien, zum Kriegsschauplatz wird, auf dem die Großmächte aufeinandertreffen. Bereits im August 1798 wird in Paris auf Druck Frankreichs eine Allianz zwischen der Französischen und der Helvetischen Republik unterzeichnet. Die konservativen Gegner der Republik unter den Eidgenossen halten es dagegen mit den Österreichern und den Russen. Anfang März 1799 erklärt Frankreich Österreich den Krieg, woraufhin sich österreichfreundliche Teile der Schweiz gegen die Franzosen erheben. Im Juni werden die Franzosen in der ersten Schlacht von Zürich von österreichischen und russischen Truppen zum Rückzug gezwungen. In der zweiten Schlacht von Zürich siegen jedoch wenig später wieder die Franzosen unter General Masséna. General Suworow, der mit einem russisch-österreichischen Kontingent von ca. 25 000 Mann das von den Franzosen besetzte Italien zurückerobert hatte, kommt den bedrängten Koalitionstruppen in der Schweiz zu spät zu Hilfe. Er gelangt durch das Gotthardgebiet zwar bis nach Altdorf (UR), wird dann aber von den Franzosen gezwungen, über den Pragel- und den verschneiten Panixerpass nach Osten abzuziehen. Die Überquerung ist verlustreich: Suworow kommt nur noch mit 15 000 Mann nach Vorarlberg. Durch die Kämpfe und die Anwesenheit fremder Truppen herrscht in vielen Teilen der Schweiz unbeschreibliche Not. Die Truppen beschlagnahmen alles, was sie zu ihrem Durchkommen brauchen. Hinzu

kommen Plünderungen und Zerstörungen infolge der Schlachten –
keine guten Startbedingungen für die junge Republik.

Die Entscheidung bringt erneut Napoleon Bonaparte. Im Jahr
1800 überquert er mit 80 000 Soldaten den Großen Sankt Bernhard,
besetzt Mailand und besiegt in der Schlacht bei Marengo die Österreicher. Im Frieden von Lunéville zwischen Franzosen und Österreichern wird im folgenden Jahr die Unabhängigkeit der Helvetischen
Republik bestätigt und ihr das Recht garantiert, ihre Staatsform
selbst zu bestimmen. Dies gestaltet sich jedoch schwierig, da die Gegensätze zwischen den unitarischen Anhängern der Republik und
den föderalistischen Anhängern der alten Eidgenossenschaft nahezu
unüberbrückbar sind. Es ist wiederum Napoleon, der dem inneren
Streit der Schweizer ein Ende zu machen versucht. Er schlägt eine
neue Verfassung für die Helvetische Republik vor, in der als Kompromiss die Macht der Kantone wieder gestärkt werden soll. In der ersten Volksabstimmung der Schweiz wird im Juni 1802 über einen
noch einmal revidierten, noch stärker kompromissorientierten Ver-
fassungsentwurf abgestimmt. Da Stimmenthaltungen als Ja-Stimmen
gezählt werden, wird die neue Verfassung angenommen, woraufhin
Frankreich seine Truppen aus der Schweiz abzieht. Danach entbrennt im Land jedoch gleich wieder der gewaltsame Kampf zwischen Föderalisten und Unitariern, in dem die konservativen Kräfte
zunächst die Oberhand über die republikanische Regierung gewinnen. Also marschieren die Franzosen erneut in der Schweiz ein. In
der Proklamation von St. Cloud teilt Napoleon am 30. September
1802 mit: «Ihr habt Euch drei Jahre gezankt, ohne Euch zu verstehen.
Wenn man Euch länger Euch selbst überlässt, so werdet Ihr Euch
noch drei Jahre morden, und Euch eben so wenig verstehen.» In Paris
wird nun eine Helvetische Consulta eingerichtet, ein Gremium aus
63 Delegierten, die wieder eine neue Verfassung ausarbeiten sollen.
Auf Vermittlung und Druck Napoleons entsteht schließlich 1803 die
sogenannte «Mediationsakte», in der die Verfassungen der Kantone
und die Bundesverfassung enthalten sind. Zu den dreizehn alten

Kantonen kommen sechs neue hinzu: Aargau, Thurgau, Sankt Gallen, Tessin, Waadt und Graubünden. Die Zentralgewalt tritt nun wieder deutlich hinter den Kantonen zurück. Insofern bedeutet die neue Verfassung einen Schritt zurück zur alten Eidgenossenschaft und ihren Traditionen. Gleichzeitig bleiben zentrale Neuerungen der Revolutionsepoche erhalten, vor allem die Rechtsgleichheit der Untertanen und die Abschaffung zentraler Privilegien.

Die «Mediationszeit» wird in der Schweiz von 1803 bis 1814 währen. Ihren Schöpfer überdauert die neue Ordnung nicht. Denn bald nimmt auch in der Schweiz die öffentliche Kritik an Napoleon zu, der den Schweizern mit einer erneuten militärischen Besetzung droht. Beim Rückzug aus Russland werden 1812 die vier Schweizer Regimenter an der Beresina nahezu aufgerieben. Von den über 7000 Schweizern im Dienste Napoleons kehren nur 700 meist verkrüppelt und arbeitsunfähig vom Feldzug zurück. Trotz dieser Verluste stehen am Ende der Napoleonischen Epoche immer noch 25 000 Schweizer in Söldnerdiensten bei fremden Mächten, die meisten in Frankreich und in den Niederlanden. Der Aargauer Staatsmann Philipp Albert Stapfer erklärt, der fortdauernde Solddienst sei eine «Versündigung an der Nationalehre und Volkswohlfahrt.»

DIE RESTAURATIONSZEIT

Mit dem Sturz Napoleons geht die für die künftige politische Entwicklung der Schweiz sehr prägende Mediationszeit zu Ende. Noch 1814 werden die Kantone Wallis, Neuenburg und Genf durch Tagsatzungsbeschluss Mitglieder der Schweizerischen Eidgenossenschaft. Der Wiener Kongress entscheidet im Jahr darauf in einer Erklärung über die Neugestaltung der Schweiz. Die Siegermächte garantieren dem Land die Neutralität, weil diese «im Interesse aller europäischen Staaten» sei. Das Veltlin, Bormio und Chiavenna gehen für die Schweiz verloren und fallen an Österreich. Die 22 Kantone vereinbaren am 7. August 1815 einen neuen Bundesvertrag, der zur inneren Stärkung der Eidgenossenschaft beitragen soll. Der Vertrag beginnt

mit den Worten: «Im Namen Gottes des Allmächtigen!» Zwar bedeutet er keine vollständige Restauration der alten Eidgenossenschaft,
die Souveränität geht jedoch wieder auf die Kantone über. Die
Konservativen dürfen sich im Aufwind fühlen. Waren in früheren
Zeiten religiöse Gegensätze vorherrschend gewesen, so bestimmt
nun der Kampf zwischen Liberalen und Konservativen die Geschichte der Schweiz. Räumlich gesehen bleiben die Konfliktlinien
jedoch ziemlich gleich. Konservativ sind vor allem die katholischen
Kantone der Innerschweiz. Die protestantischen Kantone sind dagegen eher liberal.

Zunächst herrscht in ganz Europa der Geist der Restauration. Auf
Druck des Auslands, vor allem des von Metternich regierten Öster-
reichs, wird 1823 in der Schweiz das Asylrecht verschärft und die
Pressefreiheit in «auswärtigen Angelegenheiten» per Regierungsde-
kret eingeschränkt. 1829 wird das «Press- und Fremdenkonklusum»
wieder aufgehoben. Auf zeitgenössischen Karikaturen sieht man
Pressevertreter, die Maulkörbe tragen. Darüber steht: «Wie lange
möchte uns das Denken wohl noch erlaubt bleiben?» Auf Dauer lässt
sich das Neue aber nicht unterdrücken. Die liberalen Kräfte gewinnen vielmehr schon bald wieder an Gewicht. Denn die Modernisierung von Gesellschaft und Wirtschaft schreitet auch in der Schweiz
rasch voran. Die Universitäten werden ausgebaut. 1833 wird die
Universität Zürich gegründet und mit einer Feier im Großmünster
eröffnet. Wesentlichen Anteil an der Gründung hat der Altphilologe
Johann Kaspar von Orelli. 1834 erhält Bern eine Universität. Die
Vorlesungen werden in deutscher und französischer Sprache gehalten. Schon zu Beginn des 19. Jahrhunderts gehört das Land zudem
zu den Staaten, in denen die Industrialisierung am weitesten fortge-
schritten ist. Allerdings herrscht gleichwohl auf dem Land noch
große Armut. 1817 ist ein Jahr der Missernten und des Hungers – wie
schon 1816. St. Gallen allein zählt 5000 Hungeropfer. 1819 wandern
auf Vermittlung der Behörden des Kantons Freiburg 2500 Menschen
nach Brasilien aus und gründen dort die Kolonie Nova Friburgo.

Das Unternehmen scheitert, die Kolonie löst sich nach kurzer Zeit wieder auf. Bereits 1817 – im Hungerjahr – waren 3000 Schweizer ausgewandert, vor allem in die Vereinigten Staaten, aber auch nach Südamerika und Russland.

Gegen den Versuch, das Rad der Zeit wieder zurückzudrehen, regt sich schon bald Widerstand. Johann Kaspar von Orelli verurteilt in einer Rede vor der Helvetischen Gesellschaft bereits 1824 die reaktionäre Restaurationspolitik. 1831 wird in Bern, angeregt durch die Französische Julirevolution im Jahr zuvor, die Patrizierherrschaft durch eine demokratische Verfassung abgelöst. In Basel herrscht dagegen noch Bürgerkrieg: Baselland fordert von der Stadt eine neue Verfassung. Die Teilung des Kantons Basel in zwei Halbkantone wird endgültig. Auch in anderen Kantonen führen Forderungen nach neuen Verfassungen zu Unruhen. Im Verlauf des Jahres werden in zehn der 22 Kantone neue Verfassungen erlassen.

Auch im 19. Jahrhundert verläuft die Geschichte der Schweiz also zunächst noch nicht so friedlich, wie Sie vielleicht erwarten würden. In Zürich führt 1839 die Berufung von David Friedrich Strauss auf den Lehrstuhl für Dogmatik an der Theologischen Fakultät zum «Züriputsch»: Landleute stürmen bewaffnet in die Stadt, um gegen die Politik der Regierung zu protestieren. Es kommt zu einem Feuergefecht auf dem Münsterplatz, bei dem ein Dutzend Landleute getötet werden. Der durch seine kritischen Studien zum Leben Jesu angefeindete Strauss wird in den Ruhestand versetzt. Im Tessin putschen gleichzeitig die Liberalen gegen die Konservativen. Der freisinnige Stefano Franscini nimmt die Neugestaltung des Staatswesens in die Hand.

DURCHBRUCH ZUR MODERNEN SCHWEIZ – DAS JAHR 1848

Der Durchbruch zur modernen Schweiz, die Sie kennen, vollzieht sich erst nach einem letzten Ausbruch innerer Gewalt. Die sieben katholisch-konservativen Kantone Uri, Schwyz, Unterwalden, Zug, Freiburg, Wallis und Luzern schließen sich 1845 zu einer «Schutzver-

Erinnerungsblatt zur Verabschiedung
der modernen Schweizer
Bundesverfassung von 1848

einigung» zusammen, die bei den liberalen Kantonen den Namen
«Sonderbund» erhält. Zwei Jahre später herrscht wieder Krieg. Der
Streit um die Klosteraufhebung im Aargau und die Berufung der
Jesuiten nach Luzern hat die Schweiz gespalten. Die liberalen Kan-
tone fordern die Auflösung des Sonderbunds. Die eidgenössischen
Truppen formieren sich 1847 unter der Führung von General Guil-
laume Henri Dufour. Es kommt zu verschiedenen Gefechten in der
Zentralschweiz. Die Sonderbundkantone kapitulieren der Reihe
nach. Der Krieg dauert vom 3. bis zum 29. November. Nach dem Bericht Dufours verzeichnet das eidgenössische Heer 60 Tote und 386
Verwundete, das Sonderbundsheer 26 Tote und 114 Verwundete –
verglichen mit den früheren Kriegen ein relativ niedriger Blutzoll.

Jetzt erst ist der Weg frei zum modernen Bundesstaat Schweiz.
Im Jahr 1848 erhält das Land seine moderne Bundesverfassung, in
welcher das bis heute gültige politische System mit seinem Zwei-

kammersystem, bestehend aus dem nach allgemeinem Männerwahlrecht gewählten Nationalrat und dem Ständerat als Vertretung der Kantone, sowie dem Bundesrat als Zentralregierung geschaffen wird. Im September wird die neue Bundesverfassung aufgrund der kantonalen Abstimmungen von der Tagsatzung als angenommen erklärt. Im November tritt die erste Bundesversammlung als gemeinsames Organ beider Kammern in Bern zusammen und wählt den ersten Bundesrat. Seine Mitglieder sind gleichberechtigt. Anders als die meisten heutigen Demokratien hat die Schweiz keinen starken Regierungschef. Der Bundespräsident wird in jährlichem Turnus von der Bundesversammlung aus den Bundesratsmitgliedern gewählt, besitzt aber lediglich repräsentative Funktionen.

Die Zuständigkeiten von Bund und Kantonen sind in der Verfassung von 1848 klar abgegrenzt. Der neue Bundesstaat ist keine unitarische Republik wie die «Helvetik» zur Zeit der Französischen Revolution, die letztlich nicht zur Mentalität der Schweizer passte. Die neue Verfassung ist vielmehr geprägt vom Respekt vor den Eigenheiten und Besonderheiten der Kantone, die einen großen Teil ihrer Zuständigkeiten behalten. Die moderne Schweiz mit ihrem föderalistischen Aufbau von unten ist insofern ein Produkt der historischen Entwicklungen, die uns auf unserer Zeitreise bisher begegnet sind.

Die Schweiz ist ein Land, in dem man das Wohl der Nation nicht in der Einheit von sprachlich-kulturell gleich orientierten Bürgern sieht, sondern in einem Willensakt der Vereinigung sich voneinander unterscheidender Citoyens. Eine Art «Verfassungspatriotismus» vor der Zeit also, bei dem nicht die auf Gemeinsamkeit, sondern auf Differenz beruhende Zugehörigkeit zählt. Als «Willensnation» kann die Schweiz nur unter der Voraussetzung funktionieren, dass die Regionen mit ihrem unterschiedlichen Gewicht möglichst große Unabhängigkeit und Zuständigkeiten innerhalb ihrer eigenen Grenzen bewahren. Die ausgesprochen föderalistische Struktur des neuen Bundesstaates bietet neben den direktdemokratischen Traditionen des Landes die Gewähr dafür, dass Minderheiten nicht durch Mehrheiten überstimmt und an den Rand gedrängt werden. Nur so lässt sich dem Bedürfnis der Koexistenz verschiedener Sprach-, Kultur- und Konfessionsgruppen von ungleichem wirtschaftlichen und gesellschaftlichen Gewicht Rechnung tragen. Denn unterschiedlicher an Ausdehnung und Gewicht könnten etwa die Nationalsprachen der Schweiz, Deutsch, Französisch, Italienisch – 1938 kommt das Rätoromanische per Volksabstimmung hinzu – kaum sein. Ohne ein ausgeklügeltes System von Zuständigkeitsregelungen könnten die deutschsprachigen die anderssprachigen Schweizer jederzeit majorisieren. Zur politischen Kultur des Landes gehört ein sensibles Gefühl dafür, nicht Zahlen allein als Maßstab kultureller Bedeutung anzusehen. Vor allem in zweisprachigen Kantonen und im dreisprachigen Graubünden gilt es, diese Balance unter den Sprachgruppen permanent auf den Prüfstand zu heben. Die zentrale Devise lautet daher: nur das Allernotwendigste miteinander verhandeln und erledigen, ansonsten soll möglichst jeder Einzelne für sich seine Angelegenheiten besorgen.

Doch zurück zu 1848. Die neue Schweiz steht! Es beginnt die Herrschaft des schweizerischen Freisinns, der von Fortschrittsglauben und Unternehmertum geprägt wird. An gewissen Orten müssen jedoch noch alte Verhältnisse aufgeräumt werden. Im Kanton Neuenburg vollzieht sich ein Putsch, bei welchem das bisherige preußische Fürstentum zur Republik wird. Die Beziehungen zu Preußen werden stillschweigend gelöst. König Friedrich Wilhelm IV. interveniert aufgrund der revolutionären Stimmung im eigenen Land nicht. Der Bundesrat weist die politischen Führer der aus Preußen in die Schweiz geflüchteten Asylanten aus. Nach amtlicher Schätzung umfasst die Zahl der Flüchtlinge, die während der Revolutionsjahre 1848/49 insbesondere aus Sachsen und aus Baden in die Schweiz kamen, beinahe 11 000 Personen. Der Entscheid des Bundesrates führt zu heftigen internen Kontroversen. Der Preußenkönig dagegen wird erst 1857 auf seine Rechte in Neuenburg verzichten.

Obwohl die Kantone weiter großes Gewicht besitzen, bewirkt die Gründung des modernen Bundesstaates Schweiz doch notwendigerweise gewisse nationale Vereinheitlichungen. Ein Bundesgesetz über das eidgenössische Münzwesen macht den Franken zur alleinigen Münzeinheit der Schweiz. Die kantonalen Währungen sind nach einer auf März 1851 fixierten Umtauschzeit ungültig. Auch das Briefmarkenwesen wird vereinheitlicht und 1855 wird die Eidgenössische Polytechnische Hochschule in Zürich, heute ETH, eröffnet. Der Gründung einer nationalen Hochschule gingen schwierige Verhandlungen voraus, weil das Bildungswesen in der Autonomie der Kantone lag. Vor allem die französischsprachige Westschweiz befürchtete eine schleichende Germanisierung des Bildungsbereichs. Hauptziel der Institution ist die Ausbildung von dringlich benötigten Fachleuten in den Naturwissenschaften und den technischen Wissenschaften. Im Bankwesen gründet Alfred Escher, Präsident der Nordostbahngesellschaft, 1856 in Zürich die Schweizerische Kreditanstalt (SKA) – die heutige Crédit Suisse (CS).

Mit der Gründung der modernen Schweiz sind die internen Konflikte allerdings nicht gleich verschwunden. Nur langsam leben sich die katholisch-konservativen Kantone in die neue Verfassung ein. Erst 1891 wird mit dem Luzerner Josef Zemp zum ersten Mal ein Katholik Mitglied des siebenköpfigen Bundesrates. Im letzten Drittel des 19. Jahrhunderts verstärken sich die Gegensätze zum Teil sogar wieder. In Rom wird vom Ersten vatikanischen Konzil 1870 das Dogma der Unfehlbarkeit des Papstes in Glaubensfragen (ex cathedra) verkündet. Dies führt in der Schweiz zu zahlreichen Kirchenaustritten und zum Beginn des Kulturkampfes, der zeitgleich auch in anderen Ländern, besonders heftig im von Bismarck frisch gegründeten Deutschen Reich, entbrennt. Die mit dem Kurs des Papstes nicht einverstandenen Schweizer Christkatholiken trennen sich von Rom – auch dies eine Entwicklung die in anderen Ländern ebenfalls zu beobachten ist. 1876 wird der erste Bischof der Christkatholischen Kirche der Schweiz gewählt. Aber auch andere Gegensätze werden durch äußere Einflüsse am Schwelen gehalten. So polarisiert der Deutsch-Französische Krieg von 1870/71: Im Februar 1871 werden in der französischen Schweiz über 90 000 Angehörige der geschlagenen sogenannten Bourbaki Armee interniert. Im März verlassen sie das Land wieder. 1700 Soldaten sterben in der Schweiz. Die Ereignisse lösen Solidaritätsaktionen aus. Ferdinand Hodler etwa gestaltet zusammen mit dem Genfer Historienmaler Edouard Castres das Bourbaki-Panorama, das sich seit 1889 in Luzern befindet und heute zu den wenigen noch erhaltenen Riesenrundgemälden zählt. In Zürich dagegen führt eine Siegesfeier der deutschen Kolonie zum Tonhalle-Krawall: auch dies eine Folge des Deutsch-Französischen Krieges.

Im Vergleich zu den früheren Jahrhunderten der Schweizer Geschichte verläuft die Entwicklung jetzt aber in friedlichen Bahnen. Waren die Schweizer lange für ihre militärische Leistungsfähigkeit berühmt, so wird nun zunehmend die humanitäre Ausrichtung zu ihrem Markenzeichen. Dies ist nicht zuletzt mit einem Ereignis aus dem Jahre 1859 verknüpft. Die Schlacht von Solferino, eine der blutigsten der italienischen Einigungskriege, in welcher die Österreicher 12 000 und die Franzosen mit den Truppen aus Sardinien-Piemont 18 000 Mann verlieren, ist für den Genfer Henri Dunant der Anstoß für die spätere Gründung einer internationalen Hilfsorganisation für Kriegsverwundete. Sein Buch «Un souvenir de Solferino» erscheint 1862. Zwei Jahre danach unterzeichnen sechzehn in Genf bei der Konferenz anwesende Staaten die «Konvention zur Verbesserung des Loses der verwundeten Soldaten der Armeen im Felde». Als Schutzzeichen wird ein rotes Kreuz auf weißem Grund bestimmt. Als die Nobelpreise 1901 zum ersten Mal verliehen werden, erhält Henri Dunant zusammen mit dem französischen Pazifisten Frédéric Passy den Friedensnobelpreis. Bis heute hat das Internationale Komitee des Roten Kreuzes seinen Hauptsitz in Genf. Zudem wird die Schweiz zu einem Land, in welchem europäische Reisende vorübergehend

Schutz vor Behörden und Polizei ihrer Heimatländer suchen. Michael Bakunin und der Dichter Fjodor Michailowitsch Dostojewski sind 1868 in Genf. Bakunin gründet die Internationale Allianz der sozialistischen Demokratie. Dostojewski, auf der Flucht vor Gläubigern, publiziert in diesem Jahr seinen Roman «Der Idiot».

Während die meisten anderen Staaten im Zeichen des Imperialismus ihren Einfluss und ihr Territorium zu erweitern streben, ist die Schweiz mit dem zufrieden, was sie hat. Anstatt sich in kriegerischen Auseinandersetzungen zu erschöpfen, haben die Eidgenossen nun Zeit, sich vorrangig der wirtschaftlichen Entwicklung ihres Landes zuzuwenden. Die Schweiz wird jetzt mehr und mehr zu dem zivilen Land, das sie auch heute noch ist. Die Wirtschaft nimmt in der zweiten Hälfte des 19. Jahrhunderts einen starken Aufschwung, nicht zuletzt weil sich der einheitliche Binnenmarkt des neuen Bundesstaates positiv auswirkt. Zahlreiche Innovationen und Weichenstellungen fallen in diese Zeit. Johann Rudolf Geigy-Merian beginnt in Basel mit der Herstellung künstlicher Farben. In Vevey (VD) gründet der Chemiker und Industrielle Henri Nestlé 1867 eine Milchmehlfabrik. Dies ist der Beginn eines Unternehmens, das heute zu den größten Nahrungsmittelkonzernen der Welt gehört. 1891 wird die Firma Brown und Boveri in Baden (AG) gegründet. Die Entwicklung von Maschinenbau und Elektrotechnik nimmt dadurch einen großen Aufschwung. In Basel entsteht 1896 das Unternehmen Hoffmann-La Roche, bis heute eine der weltweit führenden chemisch-pharmazeutischen Firmen. In Zürich eröffnet 1877 die Börse ihre Geschäfte. Börsen gab es zuvor bereits in Genf (1850) und in Basel (1876).

1874 wird eine revidierte Bundesverfassung vom Volk angenommen. Sie garantiert unter anderem die Niederlassungsfreiheit und stärkt die Mitbestimmungsrechte der Bürger. Auch erweitert sie einige Kompetenzen des Bundes in den Bereichen Militär und Justiz und verbessert die finanzielle Lage der Zentralgewalt. Die Konsolidierung des Bundesstaates wird dadurch nachhaltig vorangetrieben.

Auch die gesetzgeberische Tätigkeit des Zentralparlaments entwickelt sich kontinuierlich und macht sich immer stärker in der Lebenswirklichkeit der Schweizer bemerkbar. 1877 wird ein neues Fabrikgesetz angenommen: es legt den Elfstundentag fest. Per Bundesgesetz werden auch Maße und Gewichte vereinheitlicht. Doch trotz des wirtschaftlichen Erfolgs gewisser Branchen und der Industrialisierung städtischer Regionen: Die Schweiz als Gesamtheit bleibt ein Land, das weiterhin auch durch Armut und Abwanderung gekennzeichnet ist. Die Auswanderungswelle nach Übersee erreicht 1882 Rekordhöhe. In diesem und im folgenden Jahr werden etwa 13 500 Schweizerinnen und Schweizer auswandern, vor allem in die USA und nach Argentinien.

Auch die konfessionelle Spaltung zeigt, bei aller gewachsenen Bereitschaft zu Ausgleich und Integration, weiterhin Wirkung: 1889 wird Freiburg Universitätsstadt. Sie soll ein katholisches Gegengewicht bilden zu den protestantisch-liberal ausgerichteten Universitäten in Basel, Zürich, Bern und Genf. Mit dem Dominikanerorden in Rom wird eine Vereinbarung zur Führung einer theologischen Fakultät erreicht. 1890 wiederum kommt es im Tessin zu einem Aufstand der Liberalen gegen die katholisch Konservativen. Der Kanton erhält eine revidierte Verfassung, in welcher die Anliegen der Liberalen berücksichtigt sind.

Dennoch entwickelt die Schweiz nun zunehmend Züge eines wirklichen Nationalstaats. Die «Willensnation» Schweiz präsentiert sich immer mehr nach dem Muster der Nachbarnationen: Zürich wird Sitz des Landesmuseums (heute Schweizerisches Nationalmuseum) und in Bern wird 1895 die Schweizerische Nationalbibliothek eröffnet. Ebenso wird die Schweiz als Sitz internationaler Organisationen immer attraktiver: Seit 1894 beherbergt Lausanne das vom Franzosen Pierre Baron de Coubertin initiierte Internationale Olympische Komitee (IOC). Die ersten Spiele der Neuzeit werden 1896 in Athen stattfinden. In Basel geht 1897 der erste Zionistenkongress zu Ende. Initiator war Theodor Herzl, der mit seiner 1894 unter dem

Eindruck der Dreyfus-Affäre verfassten Schrift «Der Judenstaat» den politischen Zionismus begründete. Als nach dem Ersten Weltkrieg der Völkerbund entsteht, dem die Schweiz 1920 beitritt, ist es schon fast selbstverständlich, dass er seinen Hauptsitz in Genf, auf dem neutralen Territorium der Schweiz, erhält. Doch zunächst geht das 19. Jahrhundert mit einer ganz Europa schockierenden Nachricht zu Ende: In Genf wird Kaiserin Elisabeth von Österreich («Sisi») von dem italienischen Anarchisten Luigi Luccheni erstochen.

Am Anfang des 20. Jahrhunderts hat sich die Schweiz zumindest in den städtischen Agglomerationen zu einem Industriestaat im Aufschwung entwickelt. Ihre Wohnbevölkerung beträgt nun 3,3 Millionen. Auch das Schienennetz für den nationalen und den internationalen Verkehr wird weiter ausgebaut, nachdem die Bahnen der Schweiz 1898 aufgrund einer Volksabstimmung zurückgekauft und verstaatlicht worden sind. Bereits im August 1847 hatte das Eisenbahnzeitalter im Inneren der Schweiz begonnen: die erste Bahnlinie zwischen Zürich und Baden ist 23,12 km lang. Am Ende des 19. Jahrhunderts erreicht das Schienennetz schon ganz andere Dimensionen. Neben der bereits bestehenden Gotthard-Route wird 1906 der Simplon Bahntunnel für den Verkehr geöffnet. Er ist mit seinen 19,8 km Länge der damals längste Eisenbahntunnel der Welt.

Die Industriegesellschaft verlangt eine neue soziale Gesetzgebung. Durch Volksabstimmung wird 1912 die Versicherung der Arbeiter gegen Krankheit und Unfall angenommen. Auch in der Schweiz führt die internationale sozialistische Arbeiterbewegung zu einem neuen Bewusstsein bei den Arbeitnehmern. In Zürich tritt 1912 die organisierte Arbeiterschaft in den Generalstreik, ein überraschendes Phänomen für ein Land, das heute auch im wirtschaftlichen Bereich in der Regel auf Ausgleich und Kompromiss setzt. Erst nach dem Zweiten Weltkrieg gelingt jedoch in der Schweiz der Ausgleich zwischen Arbeit und Kapital. Eine wichtige Rolle spielt hierbei die Sozialgesetzgebung. 1972 wird das Dreisäulenprinzip der Altersversorgung in der Bundesverfassung verankert werden. Die erste

Säule umfasst die staatliche Alters und Hinterlassenen Versicherung, die bereits 1947 von der Stimmbevölkerung angenommen wird, die zweite die Personalvorsorgeeinrichtungen der Arbeitgeber (Pensionskassen), die dritte das individuell zu gestaltende freiwillige Sparen, das steuerlich begünstigt wird.

DIE SCHWEIZ IM ZEITALTER DER WELTKRIEGE

Für die weitere Entwicklung der Schweiz ist zentral, dass sie nicht in die beiden Weltkriege des 20. Jahrhunderts hineingezogen wird. Während rings herum die Welt zweimal im Chaos versinkt, bleibt die Schweiz von den Zerstörungen verschont. Für das heutige Bild des Landes ist dies von großer Bedeutung. Bei Ausbruch des Ersten Weltkrieges erteilt die Bundesversammlung dem Bundesrat alle Vollmacht zur Sicherung der Unabhängigkeit und Neutralität der Schweiz. Ulrich Wille wird zum General gewählt. Die Mobilmachung zur Sicherung der Grenzen wird angeordnet. Es gibt im Land unterschiedliche Haltungen zu den Nachbarnationen – deutschfreundliche und franzosenfreundliche zumal. Der Schriftsteller Carl Spitteler veröffentlicht einen Appell mit dem Titel «Unser Schweizer Standpunkt», basierend auf einem Vortrag vor der Neuen Helvetischen Gesellschaft. Es ist ein bis heute bewegendes Dokument einer intelligenten Neutralitätspolitik. Spitteler wird 1920 den Nobelpreis für Literatur erhalten.

Schon vor dem Ersten Weltkrieg hat die Schweiz eine große Anziehungskraft auf Künstlerkreise in Europa ausgeübt. Der Monte Verità in Ascona wird zum Anziehungspunkt für Künstler, Anarchisten, Naturheiler, Vegetarier, Nudisten und Weltverbesserer. In den Kriegsjahren kommen nun zudem Flüchtlinge ins Land, darunter sehr prominente: In der Zürcher Spiegelgasse wird 1916 das Cabaret Voltaire eröffnet. Neben dem Café Odéon wird dieser Ort zum Ausgangspunkt der Dada-Bewegung. Zu den Protagonisten gehören der deutsche Hugo Ball, der Rumäne Tristan Tzara, der Ungar Marcel Janco und der Elsässer Hans Arp. Dada protestiert gegen den Krieg und die bürgerliche Gesellschaft, die ihn möglich machte. 1917 reist der russische Revolutionär Wladimir I. Lenin nach Ausbruch der russischen Februarrevolution in einem plombierten Waggon von Zürich durch Deutschland nach Petrograd. Auch der Maler Ernst Ludwig Kirchner übersiedelt in dieser Zeit von Berlin nach Davos-Frauenkirch. Dort wird er 1938 vereinsamt und an der «Diffamierung in Deutschland» verzweifelnd durch Freitod aus dem Leben scheiden.

Ebenso wie im Rest der Welt herrscht auch in der Schweiz im Winter 1917/1918 eine Grippeepidemie, die 21 000 Tote fordert. Und ebenso wie in anderen Ländern ist das Kriegsende mit Unruhen verbunden. Selbst in der neutralen Schweiz hat der Weltkrieg zu einer deutlichen Absenkung des Lebensstandards und zu einer Zuspitzung der sozialen Konflikte geführt. Im November kommt es zum Landesgeneralstreik. Aber anders als etwa in Deutschland, kann sich die Regierung trotz der radikalisierten Stimmung nach der russischen Oktoberrevolution relativ problemlos behaupten. Auch in der Schweiz geht es aber nicht ohne Gewalt. Der Bundesrat setzt die Armee gegen die Streikenden ein und erzwingt so den Abbruch des Streiks.

Noch in den 20er Jahren gibt es in der Schweiz eine starke deutschfreundliche Strömung. Kultur und Wissenschaft des Deutschen Reiches sehen viele als vorbildlich an. Im Ersten Weltkrieg galt der Oberbefehlshaber der eidgenössischen Streitkräfte, Ulrich Wille, trotz der Neutralität des Landes als Sympathisant der deutschen Seite. Durch den Nationalsozialismus hat sich dies jedoch geändert. Die Zeit zwischen 1933 und 1945 belastet das Verhältnis der Schweizer zu ihren deutschen Nachbarn bis heute. Zunächst kommen vor allem Flüchtlinge aus dem Deutschen Reich. Bereits im Herbst des Jahres 1933 leben nach deutschen Angaben rund 2000 Emigranten in der Schweiz. Ein Bundesratsbeschluss regelt, dass politische Flüchtlinge zwar aufgenommen werden, dass ihnen jedoch politische Tätigkeiten untersagt sind und dass sie polizeilicher Kontrolle unterliegen. Ohne die Exilkünstler sind die 30er Jahre und die Zeit des Zweiten Weltkriegs in der Schweiz kaum vorstellbar. In Zürich findet die erste Vorstellung des Exil-Cabarets «Die Pfeffermühle» bereits 1933 statt. Zu seinen Mitgliedern gehören Therese Giehse und Erika Mann. Im folgenden Jahr wird das schweizerische Cabaret Cornichon am selben Ort die ersten Auftritte haben.

Ins Blickfeld des Dritten Reiches gerät die Schweiz, als 1936 Wilhelm Gustloff, der Leiter der Auslandsgruppe Schweiz der Nationalsozialistischen Deutschen Arbeiterpartei (NSDAP), in Davos vom Medizinstudenten David Frankfurter erschossen wird. Der Attentäter stellt sich freiwillig der Polizei. Das Bündner Kantonsgericht verurteilt ihn zu 18 Jahren Zuchthaus und anschließender lebenslänglicher Landesverweisung. Noch glauben Politiker und Diplomaten, das Schlimmste sei durch Vermittlung und «gute Dienste» zu verhindern. 1937 wird der Schweizer Historiker Carl Jacob Burckhardt Hoher Kommissar des Völkerbundes für Danzig. Sowohl Polen wie das Deutsche Reich beanspruchen die Stadt für sich. Burckhardt bemüht sich um eine friedliche Lösung des Konflikts. Wie die Sache ausging, wissen wir.

Offiziersrapport General
Henri Guisans auf der Rütliwiese
am 25. Juli 1940

Nachbar des nationalsozialistischen Deutschland zu sein, ist in den 30er Jahren keine einfache Sache. Der Bundesrat ist um gute Beziehungen bemüht, um die Unabhängigkeit der Schweiz nicht zu gefährden. Manchmal grenzt sein Verhalten aber an allzu voreilige Willfährigkeit, für die vielleicht auch gewisse ideologische Übereinstimmungen verantwortlich sind. In einem Abkommen vereinbart der Bundesrat 1938 mit dem Deutschen Reich die Einführung des «J-Stempels» in die Pässe ausreisewilliger deutscher Juden, womit ihnen der Weg in die Schweiz versperrt wird. Nach dem Einmarsch Hitlers in Österreich verstärkt sich an der Ostgrenze des Landes der Flüchtlingsstrom. Ende 1939 halten sich rund 10 000 Flüchtlinge in der Schweiz auf.

Durch den Nationalsozialismus im Norden und den Faschismus im Süden bedrängt, besinnt sich die Schweiz auf eigene Werte und Traditionen. Der Völkerbund anerkennt die «integrale» Neutralität der Schweiz. Wegen drohender Kriegsgefahr beschließt die Bundesversammlung 1939 die Mobilisation. Henri Guisan wird zum General gewählt. Der deutsche Angriff auf Polen am 2. September ist der Anlass für die allgemeine Mobilmachung. In Zürich findet eine Landesausstellung, die «Landi», im Zeichen der Geistigen Landesverteidigung statt. Auf der Rütliwiese kommt es 1940 zum Rapport des Generals an alle Kommandanten der Truppenteile. Henri Guisan erläutert die Idee des Réduits, d. h. des Rückzugs der Armee in schwer zugängliche Teile des Alpenraums, für den Fall eines Angriffs. Die sogenannte Anbauschlacht zur Sicherung der Lebensmittelproduktion beginnt. Lebensmittel werden rationiert.

Die Grenzen werden für Flüchtlinge 1942 dicht gemacht zu einer Zeit, als die Massenvernichtungen der Juden in den Konzentrationslagern der Nationalsozialisten gerade beginnen. «Das Boot ist voll» lautet die Devise derjenigen, die für eine restriktive Flüchtlingspolitik sind. Offiziell für die Flüchtlingspolitik verantwortlich sind Bundesrat E. von Steiger und der Chef der Polizeiabteilung, Heinrich Rothmund. Es gibt zum Teil heftige Reaktionen von Leuten, die die humanitäre Aufgabe der Schweiz anders sehen. Erst Ende 1943 revidiert der Bundesrat die restriktiven Regelungen zum Flüchtlingswesen. Juden werden erstmals als allgemein gefährdet eingestuft und als Flüchtlinge anerkannt. Der Bundesrat verfügt jetzt auch ein allgemeines Ausfuhrverbot von Kriegsmaterial an kriegführende Mächte. Zuvor hatte die Schweiz, auch zur Sicherung der eigenen Industrieproduktion, wirtschaftlich und finanziell zum Teil eng mit dem nationalsozialistischen Deutschland kooperiert. Diesen hässlichen Seiten ihrer Geschichte hat sich die Schweiz, wie schon erwähnt, erst vor kurzem gestellt.

VERWEIGERUNG UND TEILHABE: DIE SCHWEIZ UND EUROPA

Am 8. Mai 1945 geht der Zweite Weltkrieg zu Ende. Die Menschen feiern auf den Straßen. Ausnahmebestimmungen werden aufgehoben. Im Jahr darauf beendet der Völkerbund in Genf seine Arbeit. Genf bleibt Sitz wichtiger internationaler Institutionen. Doch das neue Europa zeichnet sich bereits ab: Winston Churchill ruft in der Universität Zürich in einer berühmt gewordenen Rede zur Einigung Europas auf. Ob die Schweiz sich der europäischen Einigung und den neu entstehenden internationalen Organisationen anschließen oder in der gewohnten Neutralität verharren soll, ist eine damals aufkommende Frage, die bis heute nichts an Aktualität eingebüßt hat. In Paris wird 1948 die OEEC – die Organisation für Europäische Wirtschaftliche Zusammenarbeit – gegründet. Die Schweiz ist Gründungsmitglied. Ende des Jahres tritt die Schweiz auch der UNESCO, der Organisation der Vereinten Nationen für Erziehung, Wissenschaft und Kultur, bei. Als 1957 die EWG (Europäische Wirtschaftsgemeinschaft) gegründet wird, bleibt die Schweiz diesem Kern der zukünftigen Europäischen Union jedoch fern. Doch ganz haben sich die Eidgenossen der Europäischen Integration nie entzogen. So ist die Schweiz eines der Gründungsmitglieder der 1960 in Stockholm gegründeten Europäischen Freihandelsassoziation (EFTA). Im Gegensatz zur EWG ist die EFTA allerdings keine Zollunion, sondern nur eine Freihandelszone. 1963 tritt die Schweiz dem Europarat bei. 1966 wird sie Vollmitglied des GATT (Allgemeines Zoll- und Handelsabkommen), das 1995 von der Welthandelsorganisation (WTO) abgelöst wird. Mit der EWG, heute Europäische Union (EU), vereinbart die Schweiz bereits 1972 das erste Freihandelsabkommen.

Auch in jüngster Zeit hat sich dieses Nebeneinander von Verweigerung und Teilhabe fortgesetzt. 1992 lehnt das schweizerische Stimmvolk eine Mitgliedschaft im Europäischen Wirtschaftsraum (EWR) ab. Dagegen stimmt es dem Bau der Neuen Eisenbahn-Alpentransversale (NEAT) zu. Dieses Jahrhundert- und Generationenprojekt in einer finanziellen Größenordnung von mehreren Milliarden Franken hat das ökologische Ziel, den öffentlichen Verkehr zu stärken und den europäischen alpenüberquerenden Güterverkehr von der Straße auf die Schiene zu verlagern. Nach der Ablehnung des EWR-Beitritts wird mit der EU der bilaterale Weg eingeschlagen. 2002 treten die bilateralen Abkommen I in Kraft, 2004 werden die bilateralen Abkommen II mit der EU vereinbart. 2005 wird per Volksabstimmung der Weg frei für eine Beteiligung der Schweiz an den EU-Abkommen von Schengen und Dublin. Bereits im März des Jahres 2002 entschieden sich die Schweizer und Schweizerinnen für einen Beitritt zu den Vereinten Nationen (UNO). Und seit dem 10. September 2002 ist die Schweiz Vollmitglied dieser Organisation.

Soweit der Gang durch die Geschichte der Schweiz, den ich hier für Sie unternommen habe. Er sollte deutlich machen, wie sehr diese nur als eine im Schicksal Europas und der Welt eingebettete begreifbar ist. Das Ringen um Unabhängigkeit und um Zugehörigkeit geht heute weiter. Bereits sind Volksabstimmungen über die Fortführung und Erweiterung des Freizügigkeitsabkommens mit der Europäischen Union terminiert. Der bilaterale Weg ist kompliziert und fordert Kompromissbereitschaft auf beiden Seiten. Letztlich jedoch wissen auch die EU-Gegner, dass ein Alleingang der Schweiz für das Land schädlicher wäre als für die Nachbarn. Denn die Schweiz ist dem Modernitätsschub und dem Globalisierungsprozess genau so ausgesetzt wie der Rest Europas. Natürlich tut sich die kleine Schweiz aufgrund ihrer Geschichte schwer im politischen Integrationsprozess. Manchmal freilich entsteht der Eindruck, ihre Berufung auf die Neutralität und auf die Souveränität des Volks sei nichts als die Flucht aus der Solidarität. Die Vorsicht, nicht zur Kasse gebeten zu werden. Dort, wo die Schweiz den Alleingang sucht, ist es fast immer die ängstliche, berechnende, selbstbefangene Schweiz, die sich ausspricht. Aber es gibt noch eine andere Schweiz. Die der humanitären Hellhörigkeit und der Visionen und Aktionen für eine befriedete, gerechtere und auf Nachhaltigkeit bedachte Welt. Wir wollen uns an diese Schweiz halten.

DIE ANDERE SCHWEIZ

In diesem Sinne möchte ich Ihnen noch einige Namen und Ereignisse nahe bringen, die ich in meiner gerafften Geschichte der Schweiz nicht erwähnt habe, die mir selbst aber ein besonderes Glücksgefühl vermitteln, wenn ich sie mit der Schweiz in Verbindung sehe. Es sind Ereignisse, die politisch nicht von besonderem Gewicht sind, kulturell jedoch Fernwirkungen auslösen.

So will ich daran erinnern, dass bereits 1511 von einem Unbekannten ein «Urner Tellenspiel» verfasst wurde, das als erstes deutschsprachiges politisches Drama gelten darf. Friedrich Schiller und sein Tellenstück in höchsten Ehren! Doch hier fing etwas an, das ganz breite Volksschichten mit dem Gedanken der berechtigten Rebellion ansteckte.

Dann denke ich daran, dass 1514 in Wien Kaiser Maximilan I. den St. Galler Humanisten Joachim Vadian, der eigentlich Joachim von Watt hieß, zum «poeta laureatus» krönte. Heute noch erinnert die bedeutende Kantonsbibliothek von St. Gallen, die Vadiana, an den Namen des Gelehrten. Vadian ist ein ganz frühes Beispiel dafür, dass man es im eigenen Land weiter bringt, wenn man auch im Ausland Anerkennung findet. Dazu gehört auch ein anderer Name: Sagt Ihnen Domenico Fontana etwas? Er war ein wunderbarer Architekt aus einem Kanton, wo heute wieder Architekten wie Mario Botta oder Luigi Snozzi von sich reden machen. Der in Melide bei Lugano geborene Fontana stirbt 1607 in Neapel. Wir verdanken ihm einige Hauptwerke der römischen Spätrenaissance: den Lateranpalast ebenso wie die Vollendung der Kuppel der Peterskirche.

Manchmal ist die Schweiz ein fruchtbares Land sogar für romantisch-fernsüchtige Menschen. Der britische Dichter Lord Byron kommt im frühen 19. Jahrhundert in die Schweiz, wohnt in Cologny bei Genf und arbeitet an seinem dramatischen Gedicht «Manfred». Das Seelendrama dieses innerlich zerrissenen Helden entwirft er vor der Kulisse der Hochgebirgswelt. Seine spätere Teilnahme am Befreiungskampf Griechenlands gegen das osmanische Reich findet in der Schweiz große Beachtung und führt 1823 zur Gründung von «Philhellenen»-Vereinigungen. Nicht weniger ergreifend für alle Liebhaber der Literatur ist, dass der Arzt und Schriftsteller Georg Büchner 1836 nach Zürich kommt, um dort an der Universität zu forschen und zu lehren. Aufgrund seiner eingereichten Arbeit und der daran anschließenden Probevorlesung wird Georg Büchner die Doktorwürde der Universität Zürich verliehen. Er bietet einen Kurs «Zootomische Demonstrationen» an, in dem er die Anatomie von Fischen und Amphibien erläutert. Nur wenige Studenten hören ihm zu. Er hat seinen «Woyzeck» im Gepäck. Die Entwürfe nimmt er aus Straßburg mit und schreibt in Zürich weiter an diesen Szenen. 1837 stirbt er an einer Typhusinfektion im Alter von 23 Jahren. Die Zürcher haben selten einen genialeren jungen Menschen in ihrer Stadt gehabt.

In den 50er Jahren des 19. Jahrhunderts ist die Schweiz – und besonders Zürich – ein Tummelplatz genialer Künstler. 1851 befreundet sich der seit einiger Zeit im Zürcher Exil lebende Richard Wagner mit Mathilde Wesendonck. In Zürich entstehen Teile von «Tristan und Isolde». Vollenden wird Wagner dieses Werk im Zimmer Nr. 7 des Hotels Schweizerhof in Luzern am 7. August 1859. Ebenfalls in Zürich leben andere prominente Asylsuchende: Der Dichter Georg

Herwegh, der Musiker Franz Liszt, der Historiker Theodor Momm-
sen. Doch auch die einheimischen Künstler sind nicht untätig:
1854 erscheint Gottfried Kellers Roman «Der grüne Heinrich». Er ist
eine Grundschrift einer neuen literarischen Richtung, die man als
den poetischen Realismus bezeichnen wird. In seinen zwei Fassun-
gen ist dieses Buch eine jener Schriften, mit denen man sich bis an
sein Lebensende beschäftigen kann, ohne hinter alle ihre Schliche
zu kommen.

Doch vergessen wir Basel nicht. Dort residiert in der zweiten
Hälfte des 19. Jahrhunderts Jacob Burckhardt. Bereits 1855 erscheint
sein «Cicerone, eine Anleitung zum Genuss der Kunstwerke Ita-
liens». Burckhardt ist nicht nur ein großartiger Kunstkenner, er er-
schließt auch in neuartiger Weise für seine Zeit die Bedeutung der
Kulturgeschichte. Doch Basel glänzt zur selben Zeit noch durch andere Figuren. Der Rechtshistoriker und Anthropologe Johann Jakob
Bachofen veröffentlicht dort sein Buch «Das Mutterrecht». Er vertritt
darin die Ansicht, dass in den Anfängen menschlicher Zivilisation
eine mutterrechtliche Ordnung bestanden habe, welche die Mutter
zum Haupt der Familie und zur Trägerin der Kultur machte. Und
1869 hält Friedrich Nietzsche an der Basler Universität seine An-
trittsvorlesung mit dem Titel «Homer und die klassische Philologie».
Seine Basler Jahre, seine Freundschaft mit Franz Overbeck und Jacob
Burckhardt werden entscheidend für seine spätere denkerische Entwicklung. Zum Kreis dieser Basler Außergewöhnlichen gehört gewiss
auch der Maler Arnold Böcklin. – Wenn man allerdings an die großen Publikumserfolge von damals erinnern will, darf man eine Figur
dieser Zeit nicht vergessen. Die Schriftstellerin Johanna Spyri veröffentlicht 1880 das Buch «Heidi's Lehr- und Wanderjahre», im folgenden Jahr «Heidi kann brauchen, was es gelernt hat». Die Romane
werden zu Weltbestsellern.

Mir liegt ein anderer Schreibender mehr am Herzen. In Berlin erscheint 1908 im Verlag Paul Cassirer der Roman «Der Gehülfe» von
Robert Walser. Es ist nach «Geschwister Tanner» der zweite Roman

dieses Mannes. Man kann darüber streiten. Doch für mich ist und bleibt Robert Walser der wichtigste deutschsprachige Autor der Schweiz im 20. Jahrhundert. Und arm ist dieses Jahrhundert ja nicht an klangvollen Namen, die von Frisch und Dürrenmatt bis zu Gerhard Meier reichen.

Auch Ausländer wirken in der Schweiz, beleben und verändern sie. In Dornach (SO) begründet 1913 der Österreicher Rudolf Steiner das Goetheanum. Es wird das Zentralinstitut der Anthroposophischen Gesellschaft. Der Neubau des Goetheanums wird als Freie Hochschule für Geisteswissenschaften 1929 eingeweiht. In der Westschweiz sind ganz andersartige Künstler am Werk: «Die Geschichte des Soldaten» mit der Musik von Igor Strawinsky und dem Text von Charles Ferdinand Ramuz wird 1917 in Lausanne uraufgeführt. In Montagnola im Tessin lässt sich 1919 Hermann Hesse nieder, wo er bis zu seinem Tod im Jahr 1962 lebt und schreibt. 1922 erscheinen die «Duineser Elegien» von Rainer Maria Rilke. Seit 1921 lebt Rilke auf Schloss Muzot bei Siders. Er hat die Elegien 1912 auf Schloss Duino bei Triest begonnen und sie im Wallis 1922 vollendet. Beinah 20 Jahre später, im Jahr 1941, stirbt ein anderer Weltautor in der Schweiz. James Joyce wird in Zürich auf dem Friedhof Fluntern begraben. Der irische Schriftsteller wohnte bereits 1904, 1915 bis 1919 und ab 1940 in der Stadt. Und soll ich noch daran erinnern, dass 1943 im Zürcher Schauspielhaus «Der gute Mensch von Sezuan» und im September «Das Leben des Galilei» von Bertold Brecht ihre Uraufführung haben? Dieses Theater wird in der Kriegszeit zu einer der wichtigsten Bühnen des deutschsprachigen Raums. Und schließlich darf auch nicht unerwähnt bleiben, dass 1952 Thomas Mann, der mit seinem Roman «Der Zauberberg» den Luftkurort Davos in der Weltliteratur verewigt hat, die Niederlassungsbewilligung in der Schweiz erhält und danach bis zu seinem Tod im Jahr 1955 in Kilchberg bei Zürich lebt. Ja, ein kleines Land lebt auch vom Ruhm der Ausländer, die es zu ihrer Wirkungsstätte und manchmal sogar zu ihrer Heimat machten.

DAS FRAUENBILD DER EIDGENOSSEN

Nach so vielen Daten und Fakten will ich Ihnen abschließend noch
eine kleine Geschichte erzählen. Sie darf Ihnen nicht ganz gleichgültig sein, denn es geht darin um das Bild, das man sich in helvetischen Landen von der Frau machte und macht. Sie wissen ja: Die
Franzosen haben ihre Marianne, die Deutschen ihre Germania und
im Süden ihre Bavaria, die Schweizer ihre Helvetia. Letztere wurde
im 19. Jahrhundert zu einer weiblichen Symbolfigur, welche die
Gesellschaft jener Zeit offenbar neben den männlichen National-
helden wie Wilhelm Tell oder Winkelried brauchte. Ob sie eher
eine Jungfrau oder eine mütterliche Gestalt ist, vermag niemand so
genau zu sagen. Dieses Schicksal teilt sie jedoch mit ihren berühmten Schwestern aus Deutschland. Irgendwann wanderte ihr Konter-
fei auch auf die Münzen, und berühmt wurde sie als Mädchen mit

Zöpfen vor einem Bergpanorama auf der Vorderseite des sogenannten «Goldvrenelis», einer Münze aus echtem Gold von 10 und 20 Franken, welche ein äußerst beliebtes Geschenk war als erste Geldanlage für heranwachsende Kinder.

Die wirkliche Rolle der Frau in der Schweiz wurde durch diese Bilder der jugendlichen oder mütterlichen Helvetia wohl nicht direkt beeinflusst. Zwar gehörte die Schweiz zu den ersten Ländern, in denen Frauen an der Universität studieren konnten. In Zürich erlaubte man dies bereits 1867. Nadeschda Soslova legte dort als erste Frau in Europa ihr Doktorexamen in Medizin ab. Doch die Tatsache, dass die Schweizer Männer den Frauen das Stimm- und Wahlrecht landesweit erst im Jahr 1971 einräumten, hat das Bild eines äußerst konservativen gesellschaftlichen und politischen Verhaltens der Schweiz in Bezug auf die Geschlechterrollen gefestigt. In den Bundesrat schaffte es die erste Frau, die freisinnige Elisabeth Kopp, gar erst 1984. Es gibt heute noch Beobachter, welche der Ansicht sind, dass es gerade in ländlichen Kreisen mit den berechtigten Ansprüchen von Frauen in Bezug auf Gleichstellung hierzulande noch nicht zum allerbesten bestellt sei.

Lesen wir allerdings bei zwei der bedeutenden Autoren der Schweizer Literatur in ihren Werken nach, wie sie die Frauen sehen und beurteilen, stoßen wir auf eine von Faszination und Bewunderung geprägte Auseinandersetzung mit dem Phänomen des Weiblichen. Jeremias Gotthelf etwa, für viele der klassische Urschweizer im Besingen und Bewahren des Eigenen und Hergebrachten, erweist sich bei aller moralischen Einfärbung seiner Schriften immer als ein Beobachter erster Güte, wo es um Frauenart und Frauenlist geht. In seinen Romanen und Erzählungen wimmelt es von starken und einflussreichen Frauen. Darf ich Ihnen einige Stellen daraus in Erinnerung rufen?

«Es ist, als ob das Weib der dunkle Grund wäre, auf dem im Vordergrunde der helle Mann hin und her geht, aber vom dunklen Grunde gehoben und getragen.»

Oder wir lesen:

«Wer Gelegenheit gehabt hat, Beobachtungen anzustellen, weiß, dass die weibliche Natur allem Fortschritt zum Trotz sich auch nicht um einen Buss geändert hat. Sie ist dato noch, wie sie ehedem war, und wird also bleiben in der Vehfreude und anderswo, bis Gott läuten lässt zur Ewigkeit.»

Da möchten wir ihm wohl nicht mehr aus ganzem Herzen zustimmen. Doch vielleicht ist Gotthelf darin Recht zu geben, dass es eher eine Veränderung der männlichen Mentalität in der Schweiz braucht, um die Situation zugunsten der Frauen zu verbessern. Gotthelfs Bilder des Weiblichen jedoch sind in den Köpfen vieler Männer nach wie vor fest verankert:

«Eine Frau ist, was ein warmer Ofen im harten Winter. Jedem, dem es schaurig wird in der kalten Welt, läuft ihm zu, sucht und findet Behagen in seiner Nähe.»

Gotthelf wusste sehr genau, aufgrund welcher Erfahrungen Männer den Frauen gegenüber voller Hingabe und Bewunderung sind:

«Wenn es heraufgezogen kommt, was in den unverdorbenen Mädchenherzen ist, das Bangen und das Schämen, wunderbar verwoben mit dem Sichmeinen, das Aufschieben und Hinhalten, das Angsthaben mitten in der Freude, die seltsame Wehmut mitten in der Freudigkeit, und alles umso bunter durcheinander, je natürlicher sein Herz ist.»

Da war der Pfarrer von Lützelflüh doch ein ziemlich guter Beobachter! Wollen Sie jetzt auch noch hören, was Gotthelf über jene Frauen zu sagen weiß, die dem Teufel vom Karren gesprungen sind?

«Es ist fürchterlich mit einer gewissen Klasse von Weibern. Wenn der Teufel in sie fährt, so muss geredet sein, es muss use, und wenn jedes Wort eine Feuerflamme, die Welt ein Pulverfass wäre und der Teufel mit einer dreizinggigen Gabel vor ihr stünde und sagte: ‹Schwyg oder i gable di uf!› , sie schweigen nicht. Use muess es.»

Bei Gotthelf wird nichts schöngeredet, was sich über redegewandte und schwer zum Schweigen zu bringende Frauen sagen lässt.

Andererseits kann dieser Mann in einem geradezu hymnischen Ton von der wunderbar heilenden Kraft schwärmen, die sich in der Zuneigung zu Frauen entfalten mag:

«Die Liebe zum schönen Geschlecht soll kein Witz sein, sondern soll sagen, dass Jeremias Gotthelf den Grundsatz habe, dass hauptsächlich im Weibe die Zukunft liege; denn hauptsächlich vom Weibe gehen die Hauswinde, es ist wirklich die Zauberin, die schön und bös Wetter macht über einem Hause.»

Genügen diese Kostproben aus der reichen Truhe eines Frauenbeobachters der etwas traditionellen Art? Anders sieht die Sache aus, wenn wir bei einem zweiten schreibenden Landsmann in die Frauenschule gehen. Kaum einer hat derart subtil über Frauen geschrieben wie Gottfried Keller. Sein erster großer Roman «Der grüne Heinrich», jenes Werk, mit dem man Gottfried Keller leicht lebenslang die Treue hält, erlaubt viele Arten von Neugierde in Bezug auf die Frauen. Man kann hier ergründen, wie man als Sohn der Herrschaft der Mütter entkommt, oder eben auch nicht entkommt. Man kann der allmählichen Verwandlung von Sehnsucht in Schuld nachspüren, was soviel bedeutet wie die Kindheit abzulegen und erwachsen zu werden. Man kann die Vertreibung aus dem Paradies nachleben, nicht in biblischer, sondern in bürgerlicher Manier. «Die Vorwürfe deines Gewissens sind ein ganz gesundes Brot für dich, und daran sollst du dein Leben lang kauen, ohne dass ich dir die Butter der Verzeihung darauf streiche», sagt Judith zu Heinrich, der bei ihr Unterricht im Erwachsenwerden nimmt. Weiter kann einer versuchen, den Lebensweg von Heinrich Lee verfolgend, das eigene «impotente Poetenfieber» abzulegen, das heißt: berufliche und künstlerische Illusionen loszuwerden, und damit sich zu befreien vom «pfuscherhaften Glücklichseinwollen» unter der Obhut von Frauen. Man kann, den «grünen Heinrich» lesend, aber auch lernen, dem Glück im rechten Augenblick nicht auszuweichen, sondern «das Glück von Gottes Tisch zu nehmen», wenn es in weiblicher Gestalt vor den Augen steht und greifbar wird.

«Der grüne Heinrich» ist nicht nur für lebenslange Muttersöhnchen eine Phänomenologie des Weiblichen. Er ist eine regelrechte «école des femmes» für jede Art von zögerlichen Männern. Hier sind sie, die Hauptfrauen des Buchs: Frau Margret, die Urmutter; Judith: Pomona, Venus und Loreley zugleich, Heinrichs «Himmelsteufel»; Anna: die Elfenkönigin und Muse, Heinrichs «Marienfrau»; Dortchen Schönfund: Nausikaa und hl. Elisabeth, die Heinrichs Herz nicht «en repos» lässt. Frauen der Antike, der Bibel, die mitten unter uns leben. Gabenspenderinnen der einen oder anderen Sorte sind sie alle. Schwarze Bettelsuppen halten sie bereit, aber auch Blumen und Früchte, Labsal für Hunger und Durst des Leibes und der Seele. Judith bietet Heinrich den «marmorweißen und kühlen Trunk», Dortchen ein Bonbon, ein Bonbon mit einem Hoffnungszettel! Irgendwie sind alle diese Frauen Spenderinnen «kräftiger Erlösung». Einige wunderbare Stellen des Romans handeln vom Glück mit diesen Frauen, vom «Glück der grenzgängerischen Zärtlichkeit» in den «Domänen schöner Weiblichkeit», wie es ein Kellerdeuter einmal genannt hat. Da nehmen Frauen, die wissen, was sie wollen, hochmütige Bürschchen, die erst ahnen, was sie nicht wollen, in die Schule. Und lieben – in Ermangelung eines andern – den Mann, der im Bürschchen noch verborgen ist. Es ist eine wundersame Einsicht, was im Beieinandersein zwischen Mann und Frau alles geschehen mag. In der Umgebung der einen kann sogar der Stern einer anderen Frau aufgehen – ein Stern, den ein Mann ohne diese Frau nie so hell erblickt hätte. Schwerlich findet ein Leser anderswo eine subtilere Deutung, in welchen Formen das Weibliche lebenslang einen Mann zu beschäftigen vermag. Und so lautet die Quintessenz der Begegnung mit den Frauen:

«Und besser ging ich, als ich kam
Von reinem Feuer neu getauft,
Und hätte meinen reichren Gram
Nicht um ein reiches Glück verkauft.»

Denn die Bilder gelingender Zweisamkeit täuschen. Theodor Storm, der Freund und Kollege, drängte Keller, am Ende den grünen Heinrich den Stand der Ehe erreichen zu lassen. Keller widerstand der Verführung, seiner Figur diese Art von Glück zu bescheren. Das Glück weiblicher Nähe hat Keller allerdings bis in seine alten Tage hinein gesucht – und wohl nur in sehr flüchtigen Formen gefunden. Im Dezember 1885 schrieb Marie von Frisch dem inzwischen älteren und ziemlich vereinsamten Keller: «Kommen Sie doch endlich einmal wieder, ehe wir noch allesamt zu alt sind, um uns über irgend was zu freuen. Wenn Sie auch's Rheumatisl im Rücken haben und keine Zähne im Munde, wie Sie einmal geschrieben, das macht gar nichts. In meiner Pflege gedeihen die ältesten Herren prachtvoll.» So liebenswürdige und einsichtige Frauen wie die Marie von Frisch gibt es heute noch in der Schweiz, ich schwöre es Ihnen.

Also machen Sie sich auf den Weg! Wir warten auf Sie!

Etwas werden Sie rasch entdecken: Die Schweiz ist ein angenehmes Land für das tägliche Leben. Sauberkeit, Pünktlichkeit, Bequemlichkeit, Sicherheit: Dies sind Dinge, die bei den Schweizern einen hohen Stellenwert haben. Die Verkehrswege sind gut erschlossen, Züge und Postautos bringen Sie rasch und zuverlässig an jeden wünschbaren Ort. Die Luft ist gut, das Wasser reichlich vorhanden, die Gastronomie in der Stadt und auf dem Land von verlässlicher Qualität. Zwar ist die Schweiz ein Hochpreisland, dafür sind hier auch die Löhne relativ hoch. Bis zum Wirtschaftswunder nach dem Zweiten Weltkrieg gab es in der Schweiz viele ärmliche Regionen, wo die Bewohner geradezu zur Migration gezwungen waren, um sich ernähren zu können und zu überleben. Vergessen Sie nicht: Zwei Drittel des Gebietes der Schweiz besteht aus Felsen, Gletschern, Seen und Wäldern. Die produktiven Anbauflächen sind sehr bemessen, Bauten und Strassen reduzieren dazu das landwirtschaftlich nutzbare Land zusehends. Wenn Sie mit dem Zug oder dem Auto durchs Land reisen, entdecken Sie bald, dass die Schweiz zu den am dichtesten besiedelten Ländern der Welt gehört. Die Städte wuchern immer mehr über ihre Grenzen hinaus und in die nahe gelegenen Dörfer und Gemeinden hinein.

Inzwischen gehört die Schweiz zu den Ländern mit dem höchsten Pro-Kopf-Einkommen der Welt. Die Prosperität wird erreicht dank einer regen Austausch- und Handelstätigkeit mit dem benachbarten Ausland. Alle Bodenschätze müssen importiert werden, mit Ausnahme der Wasserenergie auch jede andere Form von Rohstoff zur Gewinnung der lebensnotwendigen Treibstoffe. Weit über die Hälfte der arbeitenden Bevölkerung ist im Dienstleistungssektor tätig: Banken, Versicherungen und Tourismus gehören in den meisten Regionen zu den wichtigsten Tätigkeitsbereichen. Zwar hat die Schweiz eine erfolgreiche Maschinen- und Elektroindustrie, eine weltweit tätige Chemie-, Pharma- und Ernährungsindustrie, eine legendäre Uhrenindustrie. Diese enge Verflechtung aber auch Abhängigkeit von den Weltmärkten führt zu Aufschwüngen und auf den Fuß folgenden Rezessionsphasen, je nach Lauf der Weltwirtschaft. Ein kleines Land wie die Schweiz mit großer externer Abhängigkeit im Bereich der Rohstoffe ist dem zyklischen Wandel der globalen Wirtschaftsentwicklung empfindlich ausgesetzt. Darum sagt man gern bei uns, das wichtigste Kapital der Schweiz sei das «Humankapital», und unter diesem seltsamen Wort versteht man insbesondere gut geschulte und fachlich erstklassig ausgebildete Leute für alle Schlüsselbereiche des Lebens. Zum wirtschaftlichen Erfolg der Schweiz hat gewiss auch beigetragen, dass die Unternehmer und Arbeitnehmer aufgrund stabiler Arbeits- und Sozialverträge sich zum Arbeitsfrieden verpflichteten. Streiks kommen in der Schweiz selten vor. Wie in der Politik sucht man auch in der Wirtschaft möglichst nach einem für beide Seiten tragbaren Kompromiss.

In der Schweiz gehören die Arbeitszeiten bis heute zu den längsten der modernen Welt. Auch die Prozentzahl der Arbeitslosen ist relativ niedrig verglichen mit jener der europäischen Nachbarländer. Ganze Bereiche des Alltagslebens funktionieren reibungslos nur, weil so zahlreiche ausländische Gastarbeiter gewonnen werden konnten. Die Arbeitsdisziplin und die soziale Verantwortung der

Beteiligten ist geradezu beispielhaft. Dies alles macht das tägliche Leben in der Schweiz angenehm und bequem. Man ist vor bösen Überraschungen relativ sicher.

ZÜRICH: STADT DES GELDES UND DER KULTUR

Auf der Liste der Städte mit der höchsten Lebensqualität – was immer für Kriterien man dafür anlegt – figuriert Zürich nun schon mehrere Jahre an erster Stelle. Ich lebe seit über zwanzig Jahren in Zürich, und dies sehr gern, trotz des bösen Spruchs, Zürich sei doppelt so groß, aber nur halb so lustig wie der Wiener Zentralfriedhof. Eine Großstadt nach dem Modell von London, Paris oder Berlin ist Zürich mit seiner halben Million Einwohner gewiss nicht. Und doch hat Zürich all das auch, was eine der erwähnten Großstädte ihren Bewohnern zu bieten hat. Natürlich hat jede Stadt ihren eigenen Charme und Charakter. Auch die Schweizer wetteifern gern untereinander, in welcher Stadt das Leben denn am angenehmsten sei. Basel, die Stadt des Geistes und der Chemie. Zürich, die Stadt des Geldes und der Kultur. Lausanne, das Mekka der Händler, und Genf jenes der Diplomaten. Bern, die gemütlichste und idyllischste Hauptstadt der Welt und Sankt Gallen die Spitze der feinsten Textilien. Wir wollen alle in ihrer Ansicht bestärken, jener Ort, den sie zu ihrem Wahlort gemacht haben, sei der schönste und der ihnen zuträglichste.

Zürich ist mir inzwischen vertraut, darum lade ich Sie ein, mit mir einen Spaziergang zu machen durch Zürichs Bahnhofstraße. Sie ist die beliebteste Einkaufsmeile der Schweiz, und dies gilt sowohl für die Einheimischen wie für die Gäste aus aller Welt.

Schon der Bahnhof selbst! Als Kind kam er mir immer wie eine Art Lichtkirche vor, auf dessen Vordach die Erzengel landen. So hell schimmernde Glasdächer, unter denen die Züge in den Zürcher Bahnhof einfuhren, gab es sonst nirgends. Wenn man daraufhin die große Halle betrat mit den brückenartigen Eisenverstrebungen an der Decke, den Rundfenstern der Galerien, der verwirrenden Anzahl von Geschäften und Kiosken unter dem Hallendach, da wusste ein Kind aus den Bergen sofort: Jetzt bin ich in der Großstadt! Auch das Menschengewimmel bestätigte die Ahnung, dass das Leben hier viel bedeutsamer sein müsse als oben in den Bergen.

Wenn Sie nach Zürich kommen, hole ich Sie am Bahnhof ab. Ansichtskarten vom Ende des 19. Jahrhunderts belegen, dass der Bahnhofsplatz damals eine Größe und eine Offenheit hatte, von der man heute nur träumen kann. Er war ein passender Einstieg in die Bahnhofstraße, den geplanten Prachtboulevard, der zwischen Paris und Zürich eine zumindest erahnbare Vergleichbarkeit an Eleganz und Bedeutung erlauben sollte. Auch das Bahnhofsgebäude selbst ist eine Kopie des «Palais de l'industrie» in Paris, das dort 1855 aus Anlass der Weltausstellung entstanden war. Man klaute damals Ideen europaweit, aber besonders gern in Paris.

DIE BAHNHOFSTRASSE – SCHAUFENSTER DER SCHWEIZ

1899 errichtete man über dem Brunnen in der Mitte des Bahnhofplatzes ein Denkmal. Geehrt werden sollte Alfred Escher, der geniale Finanzplaner für den Ausbau des öffentlichen Verkehrs. Escher ist der eigentliche Pionier der Gotthardbahn, für die jeder, der gern mit dem Zug von Zürich nach Mailand reist, bis heute dankbar ist. Seine Feinde nannten ihn den «Eisenbahnbaron». Eschers Visionen waren zentralistisch, somit grässlich unschweizerisch. Die Erzdemokraten – schon damals eher Lokalpatrioten als echte Republikaner – bekämpften Lösungen, die ihnen zu großräumig schienen. So misstrauten sie leidenschaftlich dem europäisch weit blickenden Escher. Dieser war auch Mitbegründer und erster Präsident der Schweizerischen Kreditanstalt, eines inzwischen zur Großbank gewordenen Finanzinstituts, das heute unter dem Namen «Crédit Suisse» die Bahnhofstraße unübersehbar mitprägt. So ist es nur gerecht, wenn der alte Escher immer noch streng und unbeirrt die Bahnhofstraße prüfend überblickt. Wahrgenommen wird er freilich eher von japanischen Touristen als von eigenen Landsleuten.

Die beliebteste Einkaufsmeile
der Schweiz – Blick auf das
Escher-Denkmal und die Zürcher
Bahnhofstraße

Sobald man den Platz überquert hat, wird der Blick frei für das erste Stück der Bahnhofstraße. Sie ist Zürichs weltstädtischste Anlage, auch wenn den Beobachter sogleich eine seltsame Ernüchterung befällt. Im Winter, wenn die Spalierlinden durchsichtig sind, erkennt man es genauer. Denn kaum hat die Straße im Stil eines Pariser Boulevards richtig begonnen, biegt sie auch schon links ab. Gute zweihundert Meter, mehr ist es nicht, was das Auge zu sehen bekommt. Das Angenehme: keine Autos. Nur blaue Trams, die dicht aufeinanderfolgend die Straße befahren. Und Menschen mit Einkaufstaschen, die pausenlos von der einen zur anderen Straßenseite wechseln.

Eigentlich wären sie sehr schön, diese großzügigen Sandstein-bauten, die beide Seiten der Straße zieren. Von 1864 bis 1925 hat es gedauert, bis aus dem ehemaligen Stadtgraben, Fröschengraben ge-nannt, das geworden ist, was die Bahnhofstraße heute ist. Doch ist in der Nachkriegszeit an vielen Stellen und oft verhässlichend mo-dernisiert worden. Das Schaufenster der Nation brauchte mehr und mehr Vitrinen. Also fort mit der umständlichen alten Pracht, wo diese hinderlich war, und Zweckbauten an ihre Stelle gesetzt!

Was gleich erkennbar wird: Hier dreht sich alles ums Geschäft. Genauer: um den Warenhandel. Damit auch ums Geld. Jemand hat nachgerechnet: Es gebe an der Bahnhofstraße 11 Warenhäuser, 16 Ju-welier- und Uhrengeschäfte, 19 Banken, 46 Modegeschäfte. Neben allen anderen Spezialläden, die das Nützliche in beschränkten und das Luxuriöse in unbeschränkten Varianten feilbieten. Schwer vor-stellbar, was an der Bahnhofstraße nicht käuflich zu erwerben wäre.

Zürichs Attraktivität ist für Kunden aus der ganzen Welt direkt-proportional zu dem, was man in der Bahnhofstraße erwerben kann. Was Rang und Namen hat in der Welt der Eleganz und der Solidität: In einem Schaufenster der Bahnhofstraße hat es mit Sicherheit Platz gefunden. Selbst wenn die Produkte beim Flanieren in häufigen Wiederholungen vors Auge treten, das überraschende Arrangement erweckt erneute Begierde. Wie man ersehnte Güter so zeigt und her-richtet, dass sie Lust nach Besitz auslösen, haben die Dekorateure und Vitrinenkünstlerinnen Zürichs ziemlich gut begriffen. Sanfte Attacken auf die Erwerbslust sind ihre große Spezialität. Wer damit beginnt, die Waren im Fenster genau zu betrachten, entdeckt bald einmal, dass er ein Mensch ist, dem beinah alles noch fehlt. Zu sehr hinschauen kann aber auch demoralisierend wirken. Deshalb schnell weiter, flankiert von Lederwaren und Raucherwaren, Gold und Dia-manten, Uhren und Accessoires, Brillen und Schuhen, Dessous und Fourrures, Büchern und Souvenirs. Besser ist es, die gefährlichen Lockungen nur beiläufig wahrzunehmen, streifblickartig.

EIN AUFKLÄRER IM WARENPARADIES

Kaum unterwegs öffnet sich rechter Hand schon ein kleiner Platz. Im Hintergrund ein Warenhaus, auf einer grünen Wiese, umgeben von einigen Bäumen, das Pestalozzi-Denkmal. Diese Wiese soll bis zur Mitte des 19. Jahrhunderts der Hinrichtungsplatz Zürichs gewesen sein. Heute beobachtet Pestalozzi, ein Kind an der Hand führend, von seinem Steinsockel aus die Tausenden, die im Verlauf eines Tages ins Warenhaus strömen und es schwer bepackt wieder verlassen. Als ob er sie daran erinnern müsste, dass das Erwerben der entscheidenden Dinge keine einfache Sache sei. In «Meine Nachforschungen über den Gang der Natur in der Entwicklung des Menschengeschlechts», erschienen bei Heinrich Gessner in Zürich 1797, schrieb Pestalozzi: «Der Mensch kommt durch die Unbehülflichkeit seines thierischen Zustandes zu Einsichten. Seine Einsichten führen ihn zum Erwerb. Der Erwerb zum Besitzstand, Der Besitzstand zum gesellschaftlichen Zustand. Der gesellschaftliche Zustand zum Eigenthum, zur Macht und zur Ehre. Ehre und Macht zur Unterwerfung, zur Beherrschung, Unterwerfung und Beherrschung zum Adel, zum Dienste und zur Krone.» Den Anfang dieser Feststellung hat man in Zürich sicher damals schon gern gehört. Dass Erwerb und Besitzstand die Grundfesten der bürgerlichen Gesellschaft seien, glaubte man gegen Ende des Ancien-Régime nicht nur in der Schweiz. Pestalozzis Schlussfolgerung jedoch, seine moralische Volte über den zu Ehre und Ansehen gelangten Bürger, der sich zum Diener der anderen machen solle, schien den meisten weit weniger überzeugend.

Ob Reichtum generös oder hartherzig macht, darüber könnten die Obdachlosen und die ins Elend Geratenen berichten, die an sonnigen Tagen manchmal auf der Pestalozziwiese anzutreffen sind. Auf dem Boulevard des rollenden Schweizerfrankens sieht man bettelnde Menschen mit Missvergnügen und Misstrauen. Aber sie werden immer sichtbarer, auch in der reichen Schweiz.

In Zürich gibt es an mehreren Orten Einrichtungen, die an die pädagogischen Taten Pestalozzis erinnern. Bibliotheken, Ausbildungsstätten, pädagogische Forschungsstellen und dergleichen. Nirgends aber ist der alte Aufklärer besser platziert als hier inmitten des Warenparadieses. Wozu die Freiheit der Besitzenden letztlich tauge, ruft er jenen in Erinnerung, welche die im Kaufhaus erworbenen Waren nicht schon als die einzige Garantie für ein gutes Leben ansehen.

Wenn wir weitergehen, kommen wir auf der Höhe des Rennwegs an die Stelle, wo die Bahnhofstraße die erste leichte Linksbiegung macht. Noch eine Überraschung. Wieder gibt die Straße von hier aus den Blick nicht frei, sondern mündet nach kurzer Strecke in eine zweite Biegung nach links. Der eigentliche, weil zum ersten Mal großzügige Boulevardcharakter der Straße wird erst erkennbar, wenn man am St. Annahof angelangt ist – kein Kloster etwa, sondern ein Warenhaus. Das ist an hellen Tagen nun aber auch eine helle Freude zu sehen, wie in einer langen Geraden die Bahnhofstraße doch noch ins Weite führt, ins Licht hinein, in eine bläulich-wolkige Ferne, wo man an Föhntagen sogar einen Ausschnitt des Alpenpanoramas erblickt. Dies entschädigt für alle Biegungen und Krümmungen des Einstiegs.

ERNEUERN UND BEWAHREN

Die Begradigung beim Bau des oberen Teils der Bahnhofstraße war damals ein starker Eingriff in das über Jahrhunderte langsam gewachsene Zürich. Es mussten berühmte Türme und Bäume verschwinden, die bis 1865 den Stadtgraben säumten. Viele Zeitgenossen haben die Veränderungen damals wohl eher gezwungenermaßen hingenommen als wirklich begrüßt. Dennoch wird nirgends wie hier der Vorteil einer großen Vision und einer mutigen Tat deutlich. Es gibt in Zürich genug Winkel und Gassen und Steige. Man braucht sich von der Bahnhofstraße nicht weit zu entfernen, und man ist im Mittelalter, in der Renaissancezeit oder im Zürcher Barock. Dass die damaligen Planer eine echte Boulevard-Alternative zur so häufig anzutreffenden Enge und Schiefwinkligkeit der Stadt durchzusetzen vermochten, dafür darf man ihnen heute dankbar sein. Denn soviel ins Freie mündende Offenheit gibt es in Zürich nur hier.

Dafür musste am St. Annahof nicht nur die Kapelle der Heiligen Anna verschwinden, sondern auch der Friedhof, der hier einmal lag. Der berühmte Zürcher Johann Caspar Lavater, Pfarrer in Zürich und Physiognomiker von europäischem Renommee, wurde 1801 beim Franzoseneinfall von der Kugel eines Soldaten getroffen und starb darauf an den Verletzungen. Man hat ihn zuerst auf dem alten Friedhof der St. Peterhofstatt begraben. Dann wurde er «umgebettet» und in den St. Anna-Friedhof gebracht. 1881 wurde im Rahmen des Bahnhofstraße-Projektes dieser Friedhof aufgelöst, und Lavater musste wieder nach St. Peterhofstatt zurückgebracht werden, wo man ihn diesmal an der Mauer der Kirche bestattete. Dort wird man den so erfolgreichen wie umstrittenen Charakterdeuter jetzt in Ruhe lassen. Die Geschichte zeigt, zu welch seltsamen Totenwanderungen städteplanerische Unternehmungen führen.

Weder Gottesacker noch Kapelle gibt es also noch an dieser Stelle. Doch nicht weit davon, auf der gegenüberliegenden Straßenseite und zwischen Herrenmoden und Juwelen wohltuend zurückversetzt, findet sich eine andere Kirche an der Zürcher Bahnhofstraße. Es ist die Augustinerkirche, in der zweiten Hälfte des 13. Jahrhunderts als Kloster entstanden. Das Gebäude wurde nach der Reformation als Münzstätte benützt. Im letzten Jahrhundert wurde die Kirche neugotisch wiederhergestellt. Seit 1960 kann man diese Augustinerkirche, die von den Christkatholiken benützt wird, in altgotischem Zustand wieder erleben. Ein denkmalpflegerisch bedenkliches Unternehmen, weil es sich um die Rekonstruktion eines fiktiven Zustands handelt.

Der Streit zwischen Erneuerern und Bewahrern ist nicht endgültig zu schlichten. Auch hier gilt es, Moden, Gewohnheiten, vom Zeitgeist geprägte Ideologien zu beachten. Dass allerdings eine Kapelle zum Warenhaus mutiert und eine Klosterkirche zur Münzstätte an einer Straße, die zum Eldorado des Warenhandels und zur Sammelallee der Weltbanken geworden ist, muss mehr als eine Zufallslaune der Geschichte sein.

JAMES JOYCE IN ZÜRICH

Kurz vor der Augustinerkirche führt die schön geschwungene Gasse gleichen Namens zum Museum Strauhof, einem Gebäude, in welchem man einerseits Literaturausstellungen realisiert, andererseits über das Werk von James Joyce nachdenkt und forscht. Daran ist zu erinnern, nicht weil Joyce oft in Zürich war, hier starb und begraben liegt, sondern weil er 1918 in Zürich ein Gedicht verfasste, durch das die Bahnhofstraße nicht nur in die Jahrbücher der Bankiers und Börsenmakler, sondern in die Weltliteratur eingegangen ist.

James Joyce, Bahnhofstraße

The eyes that mock me sign the way
Whereto I pass at eve or day.

Gray way whose violet signals are
The tristing and the twining star.

Ah star of evil! Star of pain!
Highhearted youth comes not again

Nor old heart's wisdom yet to know
The signs that mock me as I go.

Übersetzung: Hans Wollschläger

Ein narrendes Paar Augen zeigt
Den Weg mir, wenn der Tag sich neigt,

Den grauen Weg, dess' Zeichen fern
Der Stelldicheins- und der Trennungsstern.

Ah, Stern des Bösen! Stern aus Weh!
Hochherzige Jugend kommt nimmermeh',

Noch Altersweisheit, doch zu verstehn
Die Zeichen, die narrend mit mir gehn.

Joyce war damals 36 Jahre alt. Eine Übergangszeit für ihn. Die ersten Kapitel seines «Ulysses» waren bereits geschrieben. Auf der Bahnhofstraße erlebt Joyce eine seltsame Augentrübung, beunruhigendes Zeichen eines beginnenden grünen Stars. Augenprobleme, die ihn schon früher gelegentlich plagten, sollten ihn nicht mehr loslassen. Ebenfalls an der Bahnhofstraße lernte Joyce beim «Sächsilüüte»-Umzug Martha Fleischmann kennen. Eine Romanze beginnt, zwar eher von kurzer Dauer, doch für Joyce intensiv. Sie allerdings war eine Nausikaa, die es dem irischen Ulysses in Zürich nicht leicht machte. Das Gedicht ist ein wunderbarer Beleg dafür, dass an der Bahnhofstraße noch andere Schwankungen möglich sind, als nur die der Wechselkurse. «Eyes that mock me sign the way»: ein Warnwort für alle Unklarheiten und Augentrübungen, denen die Glücksjäger in Zürichs Bahnhofstraße ausgesetzt sind.

DER PARADEPLATZ UND DIE KATHEDRALEN DES GELDES

Doch jetzt weiter zum Paradeplatz, zum Mittelpunkt unsichtbar pulsierender Geldströme. – Es wird keinen anderen Ort der Schweiz geben, der so dick vernetzt ist mit allen Wirtschaftszentren unseres Planeten. Und doch ist der Ort in seiner Wirkung recht bescheiden. Auf dem Platz quietschen die Trams, die sich hier vielfältig kreuzen. Doch nicht der Lärm ist das Auffällige. Viel sonderbarer ist das, was hinter den Fassaden und vermutlich auch im Untergrund der Bankhäuser vor sich geht.

Wer eine der Zentralen der Großbanken betritt, ist über nichts so erstaunt wie über das, was man die Hochkultur des Leisetreterischen nennen könnte. Alles wirkt gedämpft, zurückhaltend, unaufdringlich, diskret. Portiers helfen sotto-voce weiter, wenn man nicht weiß, wohin man sich zu wenden hat. Menschen schleichen vorbei, mit Mappen versehen, den Blick gesenkt, als sei man an einem Ort, wo Pietät geboten ist. Freilich ist nichts dem Zufall überlassen. Alles – bis auf den Verlauf der Aktienkurse – absolut unter Kontrolle.

Trotz der räumlichen und strukturellen Undurchschaubarkeit: Verirren kann sich hier niemand, weil alle Zu- und Ausgänge von freundlich blickenden Damen oder Herren überwacht sind.

Ein wenig unheimlich sind sie schon, diese Deponien des Reichtums. Gerade auch in ihrer nicht diskriminierenden Art. Jeder ist hier willkommen, der sein Geld liebt und es darum der Bank à conto zur Anlage anvertraut. Auch die kleinen Kunden zählen. Dass die großen vielleicht noch freundlicher umschmeichelt werden, merken nur die Insider. Das oberste Gebot heißt hier Diskretion. Einzig Herr Niemand weiß Bescheid. Der Erfolg liegt nur in der Diskretion, für die guten ebenso wie für die zweifelhaften Geschäfte. Seien wir ehrlich: Auch in den Kathedralen der Geldspekulation kann man nicht jede Nische ausleuchten. Doch Misstrauen wäre kontraproduktiv, geradezu ein Einfall des Teufels. Die machen es schon richtig. Nicht zuviel grübeln. Lieber rechnen. Es rechnet sich am Ende schon. Und schlägt à conto aus.

BANKGEHEIMNIS, SCHWARZGELD, STEUERFLUCHT

An dieser Stelle ist etwas über das ominöse Bankgeheimnis zu sagen, das in Zusammenhang mit der Schweiz immer wieder Anlass ist für Diskussionen und Polemiken. Dabei ist die Schweiz keineswegs das einzige europäische Land, das ein solches «Bankkundengeheimnis» kennt. In Österreich existieren ähnliche Schutzmaßnahmen für Bankkunden, ebenso in Luxemburg oder im Fürstentum Liechtenstein. Im Prinzip geht es um das Recht auf Schutz der ökonomischen Privatsphäre eines einzelnen Kunden. Eine Bank ist demnach verpflichtet, über alle einen Kunden betreffende Fakten nach außen Verschwiegenheit zu wahren. Es handelt sich um eine analoge Schweigepflicht, wie wir sie bei anderen Berufsgruppen kennen, etwa bei Ärzten oder bei Rechtsanwälten. Wird die Schweigepflicht und damit das Bankkundengeheimnis verletzt, müssen Polizei oder richterliche Behörden Anklage erheben, denn es handelt sich um kein Kavaliers-, sondern um ein Offizialdelikt. Die

Strafen für Bankangestellte, welche die Geheimnispflicht verletzen, sind hoch: Gefängnis bis zu sechs Monaten und Bußen bis zu 50 000 Franken.

So weit, so gut. Das Problem entsteht dann, wenn Kunden ihre Gelder am Fiskus vorbei anlegen möchten und sich so vor ihren Steuerpflichten drücken wollen. Oder wenn kriminell erworbene Gelder durch Anlagen in einer Bank «weißgewaschen» werden sollen. Oder wenn mächtige Staatsherrscher das Volksvermögen ihrer Länder auf private Konten anlegen und damit sogenannte «Potentatengelder» schwarz auf ein Schweizer Bankkonto fließen. Zur Vermeidung krimineller Geldanlagen hat die Schweiz im Bereich der Sorgfaltspflicht Gesetze erlassen, die europäischem Standard entsprechen und sie gewährt in begründeten Fällen Rechtshilfe, die de facto eine Lockerung des Bankgeheimnisses bedeuten. Liegt die Vermutung auf einen Straftatbestand vor – und dafür gibt es im Geldgeschäft vielfältige Formen, die von Insidergeschäften und Geldwäscherei durch das Organisierte Verbrechen bis zu Korruptionsvergehen reichen –, ist die Schweiz so wie jedes andere rechtsstaatliche Land verpflichtet, Rechtshilfe zu leisten. Um zu garantieren, dass auch Steuerflüchtige für ihr Vermögen und ihre Zinseinkünfte Steuern bezahlen, wurde eine sogenannte Verrechnungssteuer eingeführt. Die Bank zieht vom erwirtschafteten Gewinn 35 Prozent automatisch ab und überweist diese dem Staat. Weist der Kunde später nach, dass er an seinem Steuersitz seine Finanzverhältnisse korrekt deklariert, erhält er die von der Bank abgezogene Verrechnungssteuer wieder zurück. Mit der Europäischen Union hat die Schweiz im Rahmen der Bilateralen Verhandlungen verschiedene Zinsbesteuerungsabkommen getroffen, die gewährleisten sollen, dass Bankgeschäfte in der Schweiz nicht zum Schaden der betroffenen EU-Länder getätigt werden. Strafrechtlich unterscheidet man in der Schweiz zwischen Steuerhinterziehung und Steuerbetrug. Das erste Vergehen ist eine Ordnungswidrigkeit, die von der Steuerbehörde mit einer Ordnungsbusse geahndet wird. Im bewussten Akt des Steuerbetrugs muss jedoch eine Strafverfolgung eingeleitet werden, die Bank ist zur Zeugenaussage verpflichtet und das Bankgeheimnis kann aufgehoben werden.

Wenn ich am Zürcher Paradeplatz bin, scheint es mir immer, dass es zwar notwendig, aber beinah unmöglich ist, die komplexen finanziellen Transaktionen dieses Landes mit der großen weiten Welt völlig zu durchschauen und zu durchleuchten. Die Schweiz kämpft um die Erhaltung des Bankgeheimnisses auch darum, weil das Bankgeschäft volkswirtschaftlich von hoher Bedeutung für das Land ist. Der Finanzplatz Schweiz verwaltet Tausende von Milliarden Franken. Der Bankensektor allein produziert einen erheblichen Anteil des Bruttoinlandprodukts. Über hunderttausend Arbeitsplätze sind damit verbunden. Die Neutralität der Schweiz sowie die Stabilität des Schweizer Franken haben dazu beigetragen, dass für das Ausland dieser Finanzplatz bisher seine Attraktivität behalten hat.

GOTTFRIED KELLERS KRITIK AM KAPITALISMUS

Am liebsten würde ich freilich den Paradeplatz besuchen in Begleitung des alten Gottfried Keller. Was würde der kluge Skeptiker heute wohl sagen über «Venture-capital, involving high risk» und andere sonderbare Entwicklungen in Geldgeschäften und im schnellen Anhäufen von Reichtum? Wie würde er die Tatsache kommentieren, dass die Aktien einer Firma steigen und hohe Gewinne erzielen, sobald die Firma rücksichtslos Mitarbeiter entlässt? Er, der schon Angst hatte, mit seinen Büchern zu viel zu verdienen, was ihm den Charakter verderben könnte: «Am Ende geht mir noch die Sonne des Geldprotzentums auf, und ich werde fromm und scheinheilig.»

Nirgends hat er über die Machenschaften ruchloser Spekulanten, Kapitalisten und Bankrotteure so bitter geurteilt wie in «Martin Salander», seinem letzten Roman. Lous Wohlwend heißt die obskure Gestalt, bei der sich alles ins Üble wendet. Am Ende des 19. Jahrhunderts sah Keller die republikanischen Tugenden des jungen schweizerischen Staates verraten. Die ökonomischen Interessen einiger weniger obsiegten. Das Gemeinwohl, immerhin über Jahrzehnte ein hohes Gut der besser und der weniger Bemittelten, trat in den Hintergrund und aus dem Augenmerk. Die Welt wimmelte auf einmal von bestechlichen Politikern, betrügerischen Notaren und kriminellen Gewinnmachern.

Es ist unvermeidlich, heute neu über die Prioritäten der Politik vor jenen der Wirtschaft nachzudenken. Die Großbanken und ihre affiliierten Unternehmungen sind zu einem unübersehbaren Machtfaktor im Land geworden. Man sieht diese unguten Entwicklungen den gereinigten und neu verputzten Fassaden der Finanzinstitute nicht an. Dennoch, wer am Paradeplatz eine Zeitung kauft und zu lesen beginnt, begreift so wie es damals der alte Keller im reich werdenden Zürich begriff, dass vieles nicht so ist, wie es zu einem vernünftigen Staat und zu wachen Bürgerinnen und Bürgern gehört. Man müsste den «Martin Salander» unter den Bedingungen von heute neu schreiben. Keller war nicht gegen «Vaterlandes Saus und Brause» – im Gegenteil. Doch im Alter empfand er die nationale Eitelkeit und die Selbstgerechtigkeit vieler seiner ökonomisch erfolgreichen Landsleute als unerträglich. Ein ähnliches Gefühl kann heute den kritischen Zeitgenossen befallen, wenn er am Paradeplatz über die Geschicke der Schweiz als eines internationalen Finanzplatzes nachdenkt. Was uns noch fehlt, ist jener Roman, in welchem die heutigen Erfahrungen so hellsichtig eingebracht sind, wie es Keller in «Martin Salander» für seine Zeit zu tun vermochte.

DIE «SPRÜNGLI-REPUBLIK»

Doch verlassen wir jetzt das Mutterhaus des Reichtums und wechseln hinüber zu jenem Ort, der den Ruhm der Banken – jedenfalls im Ausland – beinah noch übertrifft. Nach dem Tempel der Moneten folgt jener der Süßigkeiten. Von den Kontos zur Konditorei! Sprüngli muss sein. Von der Poststrasse herüber grüßen die Türme von Fraumünster und Großmünster. Als wollten die Kirchen dem Erfolg der Banken den Segen so wenig verweigern wie jenem der Patissiers. –

**Tempel der Süßigkeiten –
Das Café Sprüngli in der Zürcher
Bahnhofstraße**

Eine ausländische Kollegin, die sich nicht ungern zu Sprüngli einla-
den lässt, nennt die Schweiz manchmal die «Sprüngli-Republik». Als
sei die politische Vernunft der Schweizer in der Geschäftemacherei
mit Zuckerwaren am stärksten entwickelt. Purer Neid, könnte man
denken! Doch wer an einem regnerischen Nachmittag beobachtet,
wie sich jung und alt bei Sprüngli mit Leidenschaft den Süßwaren
ausliefert, könnte leicht auf den Gedanken kommen, es sei dieses
Ritual hier inzwischen fester verankert als alle, die in den nahe gelegenen Kirchen noch praktiziert werden.

Nun noch das letzte Stück der Bahnhofstraße, hinauf bis zum
See. Erst 1877 fielen hier die städtebaulichen Entscheidungen um
den definitiven Verlauf des Boulevards. Das sogenannte «Kratz-
Quartier» lag da, ein altertümlicher, hygienisch etwas rückständiger,
von Kleinhandwerkern und ärmeren Bevölkerungsschichten be-
wohnter Teil der Stadt. Nicht diese einfachen Leute waren es, die
dem alles begradigenden Fortschritt die Stirn boten, sondern die

Männer der «Baugartengesellschaft», die im hier befindlichen Baugartenrestaurant ihren Treffpunkt hatten. Sie taten alles, um ihren beliebten Versammlungsort nicht der modernen Bauwut opfern zu müssen. Doch sie verloren die Schlacht um ihr Lokal und um die von ihnen geforderte zusätzliche Linksbiegung der Bahnhofstraße. Erst die jetzt einsetzende große Umgestaltung des ganzen Quartiers zwischen Bahnhofstraße und dem heutigen Stadthausquai verlieh Zürich die Struktur einer modernen Großstadt. Sogar der damalige Stadtingenieur Arnold Bürkli wollte den alten Kratz-Turm mit dem sympathischen Gartenrestaurant retten und die Bahnhofstraße um die Anlage herumführen. Der Stadtrat jedoch – sicher nicht unbeeindruckt von einer zeitlich terminierten Großspende eines Privaten für den Bau der Börse – entschied sich für den Abriss der alten Anlagen. Als Abschluss der Prachtgebäude auf der linken Seite errichtete man 1922 noch die klassisch strenge Nationalbank. Statt Garten jetzt also Bank und Börse: keine unpassenden Lösungen für die Kopffront einer Straße, in welcher in Zukunft das Entscheidende sich ereignen sollte für die allmähliche Errichtung dessen, was man heute den Finanzplatz Schweiz nennt.

In Zürich findet sich nicht nur die Nationalbank der Schweiz. Wegen ihrer Größe und Ausstrahlung ist sie im Ausland die wohl am stärksten wahrgenommene Stadt des Landes. Es gehört daher zu den gängigen Irrtümern über die Schweiz, dass die Hauptstadt des Geldes auch die Hauptstadt der Nation sei. Tatsächlich befindet sich das politische Zentrum der Schweiz jedoch nicht in Zürich, sondern in Bern. – Kommen Sie, wir setzen uns auf eine Bank des Bürkliplatzes und ich erzähle Ihnen, wie man in der Schweiz nicht nur Geld verdient, sondern auch noch Politik macht.

BERN: DIE HAUPTSTADT

In der Tat, Bern ist seit 1848 Bundeshauptstadt, obwohl es mit seinen ca. 130 000 Einwohnern nur die fünftgrößte Stadt der Schweiz ist. Die Zähringer-Grafen haben die Stadt in einem schönen Aare-

Bogen im 12. Jahrhundert gegründet, angeblich am Ort, wo Graf Berchtold V. einen Bären erlegt hatte. Nach dem Tod des Grafen, der keine direkten Nachkommen hatte, wurde Bern unter dem Staufer Friedrich II. römisch-kaiserliche Reichsstadt. Nachdem sich die Berner 1353 der Eidgenossenschaft angeschlossen hatten, wurden sie bald ein mächtiges und erweiterungssüchtiges Mitglied dieses Bundes. Sie eroberten 1415 den Aargau und 1536 die Waadt. Erst die Ereignisse des Franzosenkriegs und Napoleon beraubten die Berner ihrer Untertanenländer. 1831 wurde Bern Kantonshauptstadt und 1848 de facto Bundeshauptstadt. Die zentrale Lage und die Zweisprachigkeit des Kantons sprachen zugunsten der Stadt als geeignetem Standort für die zentralen Einrichtungen des neuen Nationalstaats. Die wunderschöne historische Altstadt mit ihrem Münster und den vornehmen Bürgerhäusern wirkt auf Besucher heute wie eine Bilderbuch-Schweiz. Doch Bern ist keine verschlafene Beamtenstadt, sondern ein quirliger und moderner Ort mit all jenen attraktiven kulturellen Einrichtungen, die sich in den letzten 150 Jahren hier etabliert haben: Schulen aller Stufen und Richtungen, Museen für Kunst und Geschichte, aber auch für moderne Kommunikationstechniken, Bibliotheken und Archive, die das Gedächtnis der Nation nicht nur bewahren, sondern dieses ebenso erweitern und schärfen. Zu Bern gehören Albrecht von Haller und Gotthelf so wie Bodmer und Keller zu Zürich. Wenn Zürich für die konkrete Kunst und die Dada-Bewegung wichtig war, so war es Bern für die Kunst durch Ferdinand Hodler und Paul Klee. Und das Schweizerdeutsch, das die Berner sprechen, gehört zu den eigenwilligsten, reichsten und schönsten Dialekten der Schweiz, auch wenn es den Ausländern schwer fällt, es zu verstehen.

So kann die Nationalbank der Schweiz nicht nur einen Hauptsitz in Zürich haben, sondern muss einen solchen auch in Bern haben, weshalb denn auch dort an prominenter Stelle ein repräsentatives Nationalbankgebäude steht. Denn diese Bank ist schließlich zuständig für die Währungspolitik, die Preisstabilität, die Bargeldversorgung, die Währungsreserven, die Leitzinsen und auch die Überwachung der Seriosität des Finanzplatzes Schweiz – finanzpolitisch somit für Wohl und Gedeihen des ganzen Landes. Übrigens feierte diese hochrespektierte Institution, deren jährlich erwirtschaftete Gewinne wesentlich dazu beitragen, dass die Einnahmen- und Ausgabenbilanz des Bundes einigermaßen ausgeglichen bleibt, im Jahr 2007 ihr 100-jähriges Bestehen.

DAS POLITISCHE SYSTEM DER SCHWEIZ

Was nun aber die Landesregierung und das nationale Parlament angeht, so haben beide nur einen Hauptsitz, und der heißt Bern. Dort wird entschieden und regiert in allen Dingen, welche das ganze Land betreffen, mit Ausnahme des Bundesgerichts, das in Lausanne residiert, mit speziellen Abteilungen in Luzern, Bellinzona, St. Gallen und Bern. Das Parlament der Schweiz ist kein Berufsparlament, sondern ein sogenanntes Milizparlament. Das heißt: die Mitglieder des Parlaments sind nur im Nebenberuf Politiker. Das Geld, das sie für ihre Tätigkeit erhalten, ist eine Art Lohnausfalls- und Spesenentschädigung. Von der Politik allein leben in der Schweiz nur Mitglieder der Exekutive – und in kleineren Kantonen gibt es sogar Regierungsräte, die nicht vollamtlich tätig sind und nebenbei einer nichtpolitischen Tätigkeit nachgehen müssen, um ihren Lebensunterhalt zu verdienen. Oft hört man die Meinung, diese Art des Politisierens sei nicht mehr zeitgerecht, man müsse doch auch den Beruf des Politikers professionalisieren. Es ist aber sehr unwahrscheinlich, dass sich hier schnell einmal etwas ändern könnte. Mit unaufhörlichem Argwohn betrachten das Volk und die Medien die sogenannte «classe politique», und man will die politischen Mandatsträger auf keinen Fall als selbstherrliche Regenten sehen. Man muss einmal einen Vormittag lang im Nationalratssaal auf der Zuschauertribüne sitzen, um zu erleben, wie sachlich und geschäftsorientiert in der Regel dort Politik gemacht wird. Selten geschieht es, dass Kampfeslust die Stimmung beherrscht und dass die Emotionen überschäumen. Die Schweiz hat ein Parlament, in welchem brillant reden höchst suspekt ist. Glänzende Beredsamkeit gehört nicht zu den großen Tugenden und den von Parlamentariern erwarteten Fähigkeiten. Zu erleben, wie jemand um Worte ringt, schafft offenbar mehr Vertrauen, als wenn da einer zu geschliffen daher redet.

Wie Politik in der Schweiz funktioniert, kann man ziemlich genau anhand einiger Wörter klären, unter denen Ausländer sich in der Regel nichts Präzises vorstellen können. Sie gehören zu den Helvetismen, die mir jedoch ein sehr konkretes Heimatgefühl geben. – Als Absicherung des direktdemokratischen Grundprinzips kennt man in der Schweiz die sogenannte *Initiative* und das *Referendum*. 100 000 stimmberechtigte Bürgerinnen und Bürger können die Initiative zu einer Verfassungsänderung ergreifen. Mit diesen Stimmen erhält das Parlament den Auftrag, einen Gesetzestext auszuarbeiten und diesen zur Volksabstimmung zu bringen. Von Referendum spricht man dagegen, wenn nach einer beschlossenen Verfassungs- oder Gesetzesrevision durch die beiden Kammern des Parlaments die Vorlage dem Volk zur Zustimmung oder Ablehnung vorgesetzt wird. Dabei unterscheidet man das obligatorische und das fakultative Referendum. Beim obligatorischen muss eine Volksabstimmung auf jeden Fall stattfinden. Dies geschieht zum Beispiel bei Änderungen der Bundesverfassung oder bei einem Beitritt zu internationalen Organisationen wie der EU, dem EWR oder der UNO. Bei Fragen von solcher Bedeutung ist als Zustimmungskriterium nicht nur die Mehrheit der Stimmen erforderlich, sondern auch jene der Stände, das heißt der Kantone. So kann es geschehen, dass eine Abstimmung zwar eine Stimmenmehrheit, aber keine Ständemehrheit erreicht, womit die Vorlage abgelehnt und gescheitert ist. Beim fakultativen Referendum ist es so, dass 50 000 Stimmberechtigte oder aber 8 Kantone eine Volksabstimmung über einen vom Parlament gefassten Gesetzesbeschluss fordern können. Damit ein nur dem fakultativen Referendum unterliegendes Gesetz als null und nichtig erklärt werden kann, braucht es die Mehrheit der Stimmen, nicht aber

Politisches Zentrum der Schweiz –
Das Bundeshaus in Bern

jene der Stände. Politische Parteien oder Interessensgruppen, denen
ein neu geplantes Gesetz ein Dorn im Auge ist, können auf diese
Weise leicht zu einer Verzögerung der parlamentarischen Arbeit und
der gesetzgeberischen Effizienz führen. Erzwingen kann weder Parlament noch Regierung das, was das Volk nicht will. Es braucht oft
große Mengen an politischer Vernunft und oft auch an Geduld, bis
ein als dringlich erachtetes Gesetz in einer neuen Form dem Volks-
willen wieder so unterbreitet werden kann, dass es eine Chance hat,
angenommen zu werden.

Haben Sie je das Wort *Vernehmlassung* gehört? Und falls Sie es gehört haben, was stellen Sie sich darunter vor? – Es steht für einen
wichtigen Verfahrensschritt der politischen Meinungsbildung. Nehmen wir an, die Regierung macht dem Parlament einen Vorschlag
für die Einführung eines neuen Gesetzes. Im politischen Jargon der
Schweiz heißt dies: die Regierung unterbreitet dem Parlament eine

Botschaft. Bevor diese Botschaft jedoch ihre definitive Formulierung erhält für die Parlamentsdebatte in Stände- und Nationalrat, schickt die Regierung einen vorläufigen Text in die Vernehmlassung. Das bedeutet, dass die Kantone, die Parteien und vom Gesetz direkt betroffene Interessensgruppen den Entwurf zur Stellungnahme erhalten. Sie können sich detailliert dazu äußern, ihre Ergänzungs- oder Streichungsvorschläge vorbringen, ihre Begeisterung oder ihren Unwillen zum geplanten Gesetz innerhalb einer gesetzten Frist kundtun. Erst wenn die eingegangenen Meinungen von der Bundesverwaltung gesichtet, bewertet und beurteilt sind, entsteht jener Text, den die Regierung dem Parlament zu Beratung und Beschlussfassung vorlegt. Dieses Verfahren hat den Zweck, ein Gesetz frühzeitig daraufhin zu testen, ob es überhaupt mehrheitsfähig sein könnte und damit eine Chance hat, je beschlossen zu werden. Denn die Vorstellung, an der Mehrheit des Parlamentes und vor allem an jener des Volkes vorbei Politik zu machen, schafft den Magistraten bis in die höchsten Ämter hinauf Unbehagen.

Ein anderes dem Konsens verpflichtetes Verfahren in der schweizerischen Politik nennt sich *Differenzbereinigung*. Die beiden Kammern des Parlaments beraten getrennt und denken oft auch verschieden über ein Gesetz aufgrund unterschiedlicher Interessen und Prioritäten. So kommt es vor, dass ein Gesetz, das von beiden Kammern beraten und bewilligt werden muss, nicht auf einen gemeinsamen Nenner zu bringen ist. Denn es gilt erst dann als angenommen, wenn beide Kammern einem gleichlautenden Text zugestimmt haben. So kann ein Text mehrfach zwischen den Kammern hin und her wandern, bis der einigende Kompromiss gefunden ist. Am Ende kann sogar ein Ausschuss aus Mitgliedern beider Kammern das Ei des Kolumbus finden, und man stimmt dann, der höheren Vernunft gehorchend, einer gefundenen Formulierung doch noch in beiden Kammern zu.

Natürlich müssen Parlamentarier nicht darauf warten, bis die Regierung zu allen wichtig scheinenden Fragen eine Gesetzesvorlage vorbringt. Sie können selber tätig werden und haben dazu eine Reihe von institutionalisierten Vorgehensweisen. Beispielsweise können sie als einzelne Ratsmitglieder, aber auch als Fraktion oder als Parlamentskommission eine sogenannte *parlamentarische Initiative* ergreifen. Das heißt, sie reichen einen Gesetzes- oder Beschlussentwurf ein, der jetzt nicht aus der Sicht des Bundesrates oder der Bundesverwaltung verfasst ist, sondern das Anliegen des Parlaments aufgreift. So wird erreicht, dass die Meinung der Regierung nicht vor, sondern erst nach dem Vernehmlassungsverfahren in die politische Debatte einfließen kann.

Die Parlamentarier haben noch eine ganze Reihe anderer Möglichkeiten, ihre Anliegen vorzubringen und auf sich aufmerksam zu machen. Hier lauten die Stichworte *Motion, Postulat, Interpellation* oder *Einfache Anfrage*. Eine Motion ist ein parlamentarischer «Vorstoß», das heißt ein Instrument, um den Bundesrat verbindlich zu beauftragen, dem Parlament einen Gesetzesentwurf oder einen Beschlussentwurf vorzulegen. Hier kann sich der Bundesrat nicht drücken. Er muss innerhalb einer bestimmten Frist einen Gesetzesentwurf zu einer Motion vorlegen. Bevor jedoch eine Motion eingereicht werden kann, braucht es die Zustimmung beider Kammern. Findet ein Parlamentarier in den Räten keine Zustimmung zu seiner Motion, braucht sich der Bundesrat offiziell nicht darum zu kümmern. Beim Postulat hingegen braucht ein Parlamentarier nur die Zustimmung des einen Rates, in welchem er selber Mitglied ist. Der Bundesrat ist daraufhin verpflichtet, das Anliegen zu prüfen und einen Bericht dazu zu verfassen, er muss aber keinen Gesetzesentwurf vorlegen. Eine Interpellation ist eine schriftliche Anfrage eines Parlamentariers an den Bundesrat mit dem Zweck, Auskunft über ein Sachgeschäft des Bundes zu erhalten. In der Regel beantwortet der zuständige Departementschef des Bundesrates die Interpellation mündlich im Rat. Danach ist eine Diskussion im Rat über die Interpellation und die Antwort möglich. Man kann vom Rat eine Interpellation als dringlich erklären lassen. Dann wird sie, wenn immer machbar, noch in der laufenden Parlamentssession beantwortet. Schließlich die Einfache Anfrage, die alle modernen parlamentarischen Systeme kennen: sie wird schriftlich eingereicht und von der Regierung schriftlich beantwortet, ohne weitere Diskussion im Rat. Auch sie kennt eine dringliche Form: Der Bundesrat muss eine solche innerhalb von drei Wochen beantworten. – Mit diesen vielfältigen Formen von «Vorstößen» kann sich eine Parlamentarierin oder ein Parlamentarier ganz schön ins Licht der Öffentlichkeit und in die Aufmerksamkeit der Medien schubsen. Oft wird die Aktivität und Tüchtigkeit der einzelnen Parlamentarier gerade an der Anzahl und an der Bedeutsamkeit ihrer Motionen, Postulate, Interpellationen und Anfragen gemessen. Doch auch hier gilt: allzu viel und allzu häufig ist unangenehm auffällig und unschweizerisch lärmschlagend.

Ich könnte Sie noch lange hinhalten mit Stichworten wie *Schuldenbremse, Direktzahlungen, Subventionen, Steuerungsabgaben* – lauter fein ersonnene Vehikel, um den landesweiten politischen Konsens zu planen, damit die Kirche politisch im Dorf bleibt, die Bevölkerung aller Landesteile und alle Berufsgruppen zufrieden sind und am Ende des Jahres die Kasse des Bundes wie jene der Kantone und der Gemeinden und Städte einigermaßen stimmt. Die Herausforderungen für Politiker sind heute in der Schweiz dieselben wie anderswo. Die demographische Entwicklung zwingt zu Reformen des Sozialsystems. Die Globalisierung führt zu neuen Allianzen in Wirtschaft und Politik. Die ökologischen Gegebenheiten fordern neue Verhaltensformen für die Gesamtgesellschaft. Die Schweiz macht ihre Landespolitik nicht im luftleeren Raum, sondern im europäischen und im globalen Kontext. So müssen Interessenskonflikte ausbalanciert werden. Oft gerade mit den allernächsten Nachbarn. Zum Beispiel wenn die Schweiz und Deutschland miteinander aushandeln müssen, wie der Anflug- und Abflugverkehr am Flughafen Zürich zu regeln ist. Da streitet man auch, zeigt einander vorübergehend die kalte Schulter. Doch letztlich weiß jede Seite, dass es im Interesse beider Staaten liegt, für solche und ähnliche Fragen einvernehmliche Lösungen zu finden. Die Schweiz im Alleingang gibt es allenfalls in den Köpfen überhitzter Patrioten.

Konsens und Kompromiss statt Opposition, Kampf und Streik – das ist die helvetische Losung. Für die Zusammensetzung der Regierung des Landes hat man sogar eine *Zauberformel* erfunden. Sie betrifft die Vertretung der Parteien am Regierungsgeschäft. Bis zu den jüngsten Ereignissen in der Parteienlandschaft gehörte es zum guten Ton, diese Zauberformel – das heißt, die angemessene Vertretung der großen Parteien am Regierungsgeschäft – zu respektieren. Der Zauber funktionierte in der Nachkriegszeit erstaunlich gut. Nun formiert sich nach Jahrzehnten zum ersten Mal im Parlament so etwas wie eine politische Opposition. Eine Partei bockt, weil sie nicht hinnehmen will, dass jedes Mitglied des Bundesrates bei der Wahl durch das Parlament eine Mehrheit finden muss. Die Partei schlägt einen Kandidaten vor, doch wählen muss die aus den beiden Kammern zusammengesetzte Bundesversammlung – und diese wählt durchaus nicht immer jene Kandidaten, welche die einzelnen Parteien vorschlagen. Nun beharrt jedoch die bürgerliche SVP, nach den letzten Wahlen die stärkste Partei im Parlament, auf jene Köpfe, die sie in der Regierung sehen will und katapultiert sich damit aus der Regierungsverantwortung in die Opposition. Im Augenblick ist nicht vorauszusehen, wie in der kommenden Legislaturperiode (2011–2015) die parteipolitische Zusammensetzung der Landesregierung aussehen könnte. Auch in der Schweiz läuft der politische Alltag nicht nur vorgespurten und absehbaren Wegen entlang, wie die jüngsten Ereignisse in Bern beweisen.

ZURÜCK IN ZÜRICH:
DAS LETZTE STÜCK DER BAHNHOFSTRASSE

Doch damit genug der Besonderheiten schweizerischer Politik mit ihrem eigenartigen Vokabular. Gehen wir zusammen noch das letzte Stück der Zürcher Bahnhofstraße entlang. Hier an seinem oberen

Ende wird dieser Boulevard geradezu idyllisch-poetisch. Wir sind auf dem Bürkliplatz, wo Banker und Geschäftsleute zweimal wöchentlich morgens früh auf dem Blumen- und Viktualienmarkt beim Kauf von Rosen und frischen Brötchen anzutreffen sind. Rechts davon befindet sich der Rebekka-Brunnen, wo der Diener Elisier, der im Auftrag Abrahams für Isaak eine Frau sucht, freundlich empfangen und gelabt wird. So als müsse Gastfreundschaft auch bei den schwierigen Geschäften das erste Gebot dieser Stadt sein und bleiben.

Am weitest vorgerückten Punkt der Bahnhofstraße, auf dem kleinen, leicht erhöhten Platz am Seeufer, wo der Blick über den See und die Landschaft weit hinein in Zürichs Vorland und bis zu den Alpen schweift, ist aber keine biblische, sondern eine mythologische Gestalt anzutreffen. Bedenken wir: Die Bahnhofstraße bildet in Zürich die direkte Verbindung zwischen Schienenweg und Wasserweg. Bei der Eisenbahn finden wir Escher als Gründerfigur der modernen Schweiz. Hier oben am Seeufer steht von Land und See gut sichtbar eine Plastik von Ganymed und dem Adler. Wie haben wir dies zu deuten?

Einige Kenner alter Sprachen sind der Ansicht, der Name Ganymed bedeute: Froh machen, ein freundliches Gesicht zeigen. Ist es diese Freundlichkeit, welche die Zürcher jenen zeigen wollen, die in ihre Stadt kommen? – Nach der Sage war Ganymed der Sohn eines trojanischen Königs und von solcher Schönheit, dass Zeus sich in einen Adler verwandelte und den Jüngling zu den Göttern in den Himmel entführte, um so blühende Jugendschönheit immer um sich zu haben. Dort wurde Ganymed freilich nicht nur Liebling, sondern vor allem Mundschenk und Bediener der Götter. Wollten die Zürcher mit Ganymed den Spaziergängern am Seeufer andeuten, dass es das Schicksal der Schweizer sei, ein Volk von Dienern zu sein? Serviteure reicherer Herrschaften, als es die Schweizer damals waren. Ein Volk von Einschenkern, Bedienern, «Gehülfen»? Oder lässt sich die Plastik auch so deuten, dass Ganymed den Adler liebkost als Dank dafür, dass ein Gott ihn aus den kleineren Verhältnissen in Troja erlöst und in eine weniger kriegerische Umgebung gebracht hat? Am Ende der Zürcher Bahnhofstraße also eine Befreiungsvision?

Mein Wunsch-Zürich lautet: Die Welt simultan. «Die Primgeige aus Moabit, das Cello aus Lyon» – so hatte ein Zuzüger 1915 festgestellt. Eine Stadt, wenn sie denn Weltstadt sein will, muss ein Ort sein, wo Spuren eines jeden Kontinents sichtbar sind. Die Anziehungskraft Zürichs geht heute weit über Moabit und Lyon hinaus. Wer drüben im Opernhaus in den Orchestergraben blickt, entdeckt Gesichter aus ganz fernen Ländern. Auch in der Bahnhofstraße mischt sich die Menschheit bunter als auf jeder Varieté-Bühne. Das ist Zürich, wie es einem gefallen kann. Wo die Sprachen der Menschen auf dem Boulevard und in den Cafés so vielfarbig sind wie die Kleider in den Vitrinen.

Das andere Zürich: «Boumce! It is polisignstunder!» Das ist die Joyce'sche Formel für die Intervention des Regulären und Absehbaren. Am unerträglichsten ist Zürich, wo nur Gleiches sich zu Gleichem gesellt und dieses tonangebend wird. Es betrifft alle Schichten. Rechthaberei, Visionsmangel, Bremsbereitschaft und Verhinderungsabsicht sind nach wie vor weit verbreitet und wandern da und dort ungeschminkt ins Programm gewisser politischer Parteien. Nur nicht über die eigenen Mauern hinaussehen! Was einem selbst als richtig erscheint, hat es auch für die anderen zu sein! – Mühsam ist dieses Zürich, elend mühsam, wo es sich einkapselt ins Bekannte, Erprobte, angeblich Volksnahe, was für manche Eidgenossen immer auch das Bessere ist.

Ich habe in Zürich ab und zu eine Stunde der Anfechtung, selbst hier am Seeufer bei Ganymed und seinem Adler. Zumal, wenn Anlass besteht, daran zu zweifeln, dass man in der Stadt gut vom Fleck kommt. Manchmal mag es scheinen, als gingen die ganzen Energien darin auf, Fassaden zu erhalten, Sauberkeit rund um die Uhr zu üben, restlos die eigene Phantasie für die Schaffung noch gefälligerer Pralinenschachteln zu verwenden. Oft wird der Frost spürbar, mit welchem Zürcher, die ihre Stadt angeblich lieben, jenen begegnen, die auf der Suche nach Neuerungen sind, die sie für wirkliche Verbesserungen halten. Und man fragt sich: Wo ist der kosmopolitische Geist hingekommen, der hier im 18. Jahrhundert so deutlich herrschte? Wo ist heute diese Neugierde für die Welt als einer ganzen und zusammenhängenden Wirklichkeit?

Doch solche Stunden der Anfechtung sind nicht dazu da, dass man sich in ihnen einrichtet und mit ihnen abfindet. Zürich bietet viele Möglichkeiten, um die Menschen aus ihren Bequemlichkeiten aufzurütteln. Man macht einen Spaziergang durch ein Quartier und entdeckt, dass hier nicht nur ökologische Vernunft, sondern eine Offenheit der Gesichter und eine Herzlichkeit der Worte anzutreffen sind. Oder man begegnet auf einer der schönen Brücken einer Studentin, die mit Klugheit und Charme den melancholisch Angehauchten ihren Trübsinn verjagt.

Tatsächlich glaube ich, dass Zürich eine weltoffene und sogar herzoffene Stadt ist. So wie damals im frühen 17. Jahrhundert aufgrund der Religionswirren viele Graubündner in Zürich Aufnahme und Arbeit fanden und die Stadt ihre Großherzigkeit gegenüber den Flüchtlingen kundtat, so hat sie dazu auch heute mannigfach Gelegenheit, den Notleidenden aus Armut und Unbehaustheit zu helfen. Auch Zürichs Bahnhofstraße könnte ein Exerzierplatz für das werden, was man gelegentlich die «gentle society» nennt, in welcher die Ungleichen sich mit Respekt, Toleranz und einem freundlichen Gesicht begegnen. Sollte der Boulevard des Kommerzes am Ende dafür doch nicht besonders gut geeignet sein, so wäre man schnell, rechts und links ausschwärmend, flüsseüberquerend, zeitenverbindend, in Seitenstraßen und Nebengassen, wo das Herz spürbarer noch in der Brust schlägt. Spätestens dort könnten einem die Augen aufgehen, wie eine Stadt aussehen müsste, die Gottfried Keller gefallen hätte. Seriös müsste sie sein, verlässlich und berechenbar. Aber auch offen, generös und vergnüglich. Und ein bisschen schlitzohrig.

5

ZUGEHÖRIGKEIT
UND ZUKUNFT

THE SWISS CONNECTION

Ist Ihnen der Ausdruck «The Swiss Connection» vertraut? Ich weiß, das Wort weckt seltsame Assoziationen. Zwar scheint «The Swiss Connection» eine weniger ruchlose Angelegenheit als die berüchtigte «French» oder «Pizza Connection». Dennoch könnte man sich unter diesem Ausdruck ohne Mühe auch auf helvetischem Boden eine Geheimorganisation vorstellen, die Dunkles und Verbrecherisches im Schilde führt.

Das Tonhalle-Orchester Zürich war schneller als die Gangsterbanden oder gar die Polizeimilieus. Es hat den Begriff «The Swiss Connection» für die Kunst reklamiert. Die wirklich spannenden Beziehungen und Geheimfäden verlaufen in der Schweiz nicht in Kreisen von Geschäftemachern, die vor keinem Verbrechen zurückschrecken, sondern sie durchziehen und durchfädeln in besonderer Weise das Reich der Künste. Beim Tonhalle-Orchester ging es um die sichtbaren und unsichtbaren Verbindungen, die das weit gefächerte Reich der Musik durchziehen. Dass Musik wie jede bedeutende künstlerische Ausdrucksform auf vielfältigste Art und Weise mit landschaftlichen, gesellschaftlichen und kulturellen Gegebenheiten verbunden und verknüpft ist, leuchtet unmittelbar ein. Nur sind für uns die komplexen Strukturen dieses Netzwerks meistens nicht erkennbar. Und deshalb stimmt das nach einem Verbrechersyndikat klingende Wort «connection» gerade für die Kunst.

Die Schweiz ist musikhistorisch alles andere als eine Wüste – so viel weiß man. Vielleicht weiß man auch noch, dass dieses Land für die musikalische Moderne des zwanzigsten Jahrhunderts ein äußerst produktives Territorium war. Nicht nur lebten in den verschiedenen Landesteilen und Sprachregionen – zum Teil bedingt durch Weltkriege, zum Teil auch aus purer Liebe zur Landschaft – bedeutende Musiker, die hier so etwas wie ihren Ruhepol und Erholungsraum für ihre die Kontinente umspannende Tätigkeit fanden. Spätestens seit der Romantik war die Schweiz auch ein klassisches Reise- und Erholungsland. Hier weilten zum Beispiel Mendelssohn, Brahms, Liszt und Wagner und Rachmaninow – um nur die größten zu nennen – und ließen sich von Alpen- und Seenlandschaften des Hochgebirges und des Mittellandes folgenreich für ihre Werke inspirieren. Hier begegneten sich musikalische Traditionen lateinischer und germanischer Herkunft. Und nicht zuletzt führte die von Musik geprägte Weltanschauung gewisser Mäzene dazu, dass auf schweizerische Initiative und Anregung reichhaltige Schätze der musikalischen Moderne entstanden sind.

Hierzulande ist man vorsichtig damit, Dinge, die sich im Hintergrund tun und ereignen, zu sehr an die große Glocke zu hängen. Das war wohl auch nicht die Absicht des Tonhalle-Orchesters mit seiner Werbe-Initiative unter dem Namen «The Swiss Connection». Doch damit die Öffentlichkeit hellhörig zu machen für die vielfältigen musikalischen Meisterwerke, die in irgendeiner Art und Weise sich der Begegnung mit der Schweiz seit nunmehr zweihundert Jahren verdanken, war mehr als ein guter Werbeeinfall.

Ich bezeichne gern als «The Swiss Connection» eine nur selten mit offenem Visier auftretende Form des Mäzenatentums, der man in der Schweiz auf dem Gebiet der Künste, der Wissenschaft, aber auch der sozialen Wohltätigkeit viel verdankt. Der deutsche Bundespräsident Gustav Heinemann hat uns zwar gelehrt, dass man auch als oberster Magistrat nicht sein Land zu lieben hat, sondern die eigene Frau. «Ich liebe nicht Deutschland. Ich liebe meine Frau», hatte der so kluge wie nüchterne Mann verkündet. Dennoch fasziniert uns wohl immer wieder die Tatsache, dass Menschen für das Land, das ihnen vertraut ist aufgrund ihrer familiären Herkunft, ihrer beruflichen Erfahrung und ihrer sozialen Einbettung, große Zuneigung und Anhänglichkeit empfinden können.

DER TRAUM VON DER ZUGEHÖRIGKEIT

Mir gefällt vieles nicht an der Schweiz, ich ärgere mich blau beim Zeitunglesen über mangelnde Zivilcourage, über Unentschiedenheit, Übervorsicht, beschämende Zurückhaltung und Feigheit. Mir ist manches zu langsam und zu behaglich in diesem Land. Ich schimpfe kräftig mit über Dinge, die ich als Missstand oder gar als Skandal empfinde. Doch trotz all dieser Fehleinrichtungen und Unvollkommenheiten, die ich an meinem Land entdecken mag: Ich bin fast immer ein glücklicher Schweizer, der dankbar ist, ein solches Land als Heimat zu haben. Das Gefühl meiner Zugehörigkeit zu diesem Land und zu meinen Landsleuten wird seltsamerweise durch die Defizite, die es haben mag, oder durch die Fehler, die ich an meinen Miteidgenossen entdecke, überhaupt nicht beschädigt. Auch wenn ich im Ausland bin, bleibe ich einem heimatlichen Grundgefühl treu, sodass ich mich oft frage, was das eigentlich bedeutet, dieses Wohlbehagen an einer Zugehörigkeit zu einem Land, einer Schicksalsgemeinschaft und einer Lebensform.

Ich würde Ihnen gern erklären, weshalb ich die Schweiz für ein schönes und lebenswertes Land halte. Ich zweifle freilich daran, dass meine Klärungsbemühungen Sie oder irgend jemand, der die Schweiz von außen sieht, wirklich überzeugen können. Zugehörigkeit ist eine rätselhafte Sache, die nur bis zu einem gewissen Grad für andere nachvollziehbar ist. Hätte man einen Menschen aus dem alten Griechenland gefragt, wo er sich zugehörig fühle, er wäre eine Antwort nicht schuldig geblieben. Für zugehörig, nahestehend, verwandt, kannte man dort das Wort «oikéios» – das eigentlich «häuslich» bedeutet, aber auch alles einschließt, was einem berechtigterweise als eigen erscheint und wovon man sich entsprechend als Teil empfindet. Die Art dieser einerseits angeborenen, andererseits durch wachsende Beteiligung am Leben der Hausgemeinschaft ebenso erworbenen Zugehörigkeit erlaubte ein einigermaßen gutes und geregeltes Leben. Darum bezeichnet «oikéios» auch schon etwas wie die erweiterte Häuslichkeit – das also, was wir als ein angemessenes, geeignetes, vorteilhaftes und sogar bequemes Leben ansehen. Hingegen nannten die Griechen das, was mit einem selbst nichts zu tun hatte, schlicht «Allótria». Wenn wir also Allotria treiben, tun wir im wörtlichen Sinn Dinge, die nicht zu uns gehören. Fremde Sachen, die man lieber lassen sollte!

Nun dachten die Griechen aber viel zu politisch, als dass sie sich mit der Zugehörigkeit zu Haus, Familie und Verwandtschaft zufrieden gegeben hätten. Der Mensch ist nicht nur «oikéios», ein häusliches Familienmitglied, sondern ebenso ein «zóon politikón», ein politisches Lebewesen, das am Los und am Wohlergehen von Staat und Gemeinschaft der Bürger Anteil hat. Wer nur sich und dem Häuflein der Seinen zugehören will, wird nicht das finden, was er sucht und braucht: jenes Glück nämlich, das erst in der Beteiligung am Leben der anderen spürbar und erfahrbar wird. Aristoteles hat es im letzten Buch seiner «Nikomachischen Ethik» erläutert: Glück ist nicht Ruhe und verschont sein vor Auseinandersetzung, ist nicht der Rückzug in Haus und Hütte, ins Private und Ureigene. Glück ist tätig sein und ist gefordert sein durch die unmittelbare Umgebung. Die Lebenslust blüht erst richtig auf, wo man gefragt und aufgerufen ist, zur Veränderung und Verbesserung des Lebens beizutragen. Das Glück verkommt schnell im Winkel und in der Nische der abseits und für sich Stehenden. Das ist eine der erstaunlichsten Entdeckungen der alten Philosophen: dass wir als Mittäter und Mitgestalter auch dem zugehören wollen, was weit über unsere Privatinteressen hinaus zu greifen scheint. Wir brauchen nicht nur Eigenes, Absehbares, Bekanntes und Vertrautes. Nein, wir dürsten nach solchem, was uns noch fremd ist – und dem wir doch zutrauen, dass in der Annäherung an dieses noch Ferne und Fremde vielleicht unser größtes Glück liegen könnte.

Es gab in der Schweiz einen virtuosen Schriftsteller namens Hermann Burger, der uns in seinen Romanen und Erzählungen vormachte, wie schwierig und zerbrechlich das Zugehören am Leben der Gemeinschaft für die Sensiblen im Leben immer bleibt. Am Schluss hat er selbst nicht mehr ans Zugehören zu unserer Welt geglaubt und hat sich auf und davon gemacht. Dabei ist ihm in seiner Verzweiflung vielleicht entgangen, dass jemand dann bereits dazugehört, wenn andere da sind, die ihm gern zuhören. Und wir haben dem Hermann Burger doch zugehört, fasziniert und verwundert über seine düsteren Einsichten in die Verlaufskurven menschlicher Anstrengungen.

Der Traum von der Zugehörigkeit ist deshalb mit der Entdeckung abgrundtiefer Vereinzelung und Ausgeschlossenheit, wie sie uns bei den großen Einsamen der Moderne begegnen, nicht ausgeträumt. Der Wunsch, nicht abgekoppelt von den Lebenden und, von allen übersehen und übergangen, sein Dasein fristen zu müssen, ist auch heute noch da. So wie die Angst da ist, aus erzwungener Zugehörigkeit seinen Bewegungsraum und seine Freiheit zu verlieren. Deshalb ist zu fragen, wo man denn heute Grund und Anlass sehen kann, nach Zugehörigkeit Ausschau zu halten, sie zu befördern und sie zu eigenem Lebensglück zu machen.

Sollte ich hier von staatsbürgerlichen Tugenden, vom Lohn des Fleißes und der Beharrlichkeit reden, vom Glück der Tüchtigen oder von der Gunst der Stunden, die in der Schweiz den allermeisten ein einträgliches Leben bescherten? Sollte ich mich zum Chronisten jener politischen, wirtschaftlichen und kulturellen Leistungen machen, auf welche die Bürgerinnen und Bürger jedes Landes stolz sein dürfen, sodass sie sich daran als mitbeteiligt fühlen dürfen? Müsste man dann nicht auch über das Verpasste und Verprasste, das Verschenkte und Vertane sprechen, das man gleichsam im Straßengraben der Geschichte vorfindet und das daran gemahnt, dass alles Vorhandene meistens ärmlicher ist, als es die Hoffnungen und die Pläne, der Ehrgeiz und die Tollkühnheit der Menschen ursprünglich wollten. Manches in der Geschichte scheint beinahe wie von selbst und trotz der Menschen besser ausgefallen zu sein, als diese es im Sinn hatten.

Sollte ich als Schweizer den «small is beautiful»-Gesang anstimmen? Die Errungenschaften einer vernetzten und globalisierten postindustriellen Gesellschaft anpreisen? Was verdient am meisten unsere Bewunderung: die funktionierenden staatlichen Einrichtungen, die Unabhängigkeit der Gerichte, die Meinungsfreiheit und die Medienvielfalt einer Informationsgesellschaft, die aktive Rolle der Zivilgesellschaft? Vielleicht sind solche Fragen für Menschen, die im Irak oder in Afghanistan, in Nigeria oder in Nordkorea zu Hause sind, von größerer Dringlichkeit als für uns in der Schweiz oder in Mitteleuropa. Sie stellen sich solche Fragen oft aus schierer Verzweiflung. Wir sind schon darin die Begünstigten, dass wir uns diese Fragen nicht aus Not und Bedrängnis, sondern aus freier Entscheidung und Neugier stellen dürfen.

Es gibt Zugehörigkeiten, über die man an der Urne entscheidet. Oder es treffen sie ein Parlament oder unsere Behörden. Sie bestimmen unser Verhältnis zu den Nachbarn und zur Welt, sie bringen Vorzüge und Lasten, Verpflichtungen und Erleichterungen, sie binden uns ein und gewähren uns Mitsprache. Ein weites Feld ist dies, und ich möchte keine Empfehlungen abgeben, wo es besser oder nachteiliger wäre, als Staat und Nation dabei oder nicht dabei zu sein. Die einen im Land sehnen sich nach politischer Zugehörigkeit, die anderen meiden sie wie der Teufel das Weihwasser. Es wird Zeit brauchen, denn die Geschichte unseres Landes hat uns eher zu zögerlichen als zu ungestümen Suchern von politischen Partnerschaften geformt.

Es gibt aber Zugehörigkeiten, bei denen nicht die vorsichtige und kalkulierende Vernunft, sondern das Herz den Rhythmus der Annäherung bestimmt. Es gibt Notlagen, bei denen man keine andere Wahl hat, als seine Mit-Zugehörigkeit den Betroffenen anzutragen. Die Schweiz hat eine große humanitäre Tradition. Gerade in diesem Bereich gibt es Vorgänge auf der Welt, bei denen wir täglich gefordert sind. Wer diese Rufe um Hilfe beiseite schiebt und sich ihnen nicht stellt, hat sich aus dem Kreis der dem Leben Zugewandten ausgeklinkt. Unser über so lange Zeit vom Krieg verschont gebliebenes Land hat allen Grund, auch dort Zugehörigkeit zu beweisen, wo Not und Armut herrschen.

Auch hierzulande gab es Aufgeklärte, welche schon immer den geistigen Wohlstand für ebenso entscheidend hielten wie den materiellen. Man glaubte daran, dass wer gut ausgebildet sei, Chancen für ein besseres Leben habe. Es gab Pioniere der Volks- und der Berufsbildung, es gab Kämpfer für das befreiende und das beflügelnde Wissen, das uns jener Gruppe von Menschen zugehörig macht, die gut gerüstet und voller Ideen und Pläne in die Zukunft schauen. Heute ist die Schweiz auch hier neu gefordert. Je besser der Wissensrucksack der Jugendlichen gepackt ist, umso größere Chancen werden diese haben, in einer Welt der ungelösten Fragen nicht nur zu überleben, sondern selber für drängende Probleme Lösungen zu finden. Man kann der nächsten Generation nicht eine Welt vermachen, in der sie möglichst unbehelligt und verschont bleibt, bequem lebt und nichts als das Glück der Unbeteiligten fordert. Wenn uns in Zukunft eine lohnende Zugehörigkeit noch bevorsteht, dann ist es die, zu den Befähigten zu gehören, die den alten Übeln den Garaus und mit neuen Gedanken und Leistungen die Welt zugleich sicherer und gerechter machen, als sie es heute ist.

Schließlich wären da noch jene Arten von Zugehörigkeit, die uns der Wunsch und die Sehnsucht nach einem glücklichen Leben nahe legen. Man kann sie nicht bestellen und nicht einfordern, nicht abholen und nicht selber anfertigen. Man kann sie sich nur schenken lassen. Jeder von uns, der je erfahren hat, was lohnende Tage sind, ahnt, dass dies letztlich damit zusammenhängt, dass ein anderer Mensch auf uns zukommt und uns zu verstehen gibt: Lass mich dir zugehören, weil es mich frei und zufrieden macht – und gehöre du so zu mir, dass es dich beglückt. Nicht alle erfahren dieses Los.

Jene, die es erfahren dürfen, haben keine Sicherheit, dass es morgen auch noch ihr eigenes ist. In dieser Beziehung wird die Welt nie gerecht sein, denn für diese besondere Art der Zugehörigkeit ist nicht Wissen und nicht Reichtum verantwortlich, nicht Schönheit oder Schlauheit, nicht Verdienst und nicht Leistung. Das ist das Terrain der Götter und des Schicksals. Es sind die unerforschlichen Zufälle des Lebens, die uns auf einmal in die Schar jener Menschen einfügen, die einander ohne Angst auf eigene Verluste sagen können: Gehöre du so zu mir, wie ich zu dir gehören möchte! – Wünschen darf man es sich freilich. Denn es kommt unter Menschen ja vor!

DIE LEHREN DER «MEDIATIONSZEIT»

Die Geschichte erteilt uns jedoch erstaunliche Lektionen. Als Graubündner weiß ich zum Beispiel, dass meine Landsleute politisch erst durch die Mediationsakte von 1803 allmählich zur Raison gekommen sind. Zuvor waren sie untereinander während Jahrzehnten des Streits und der Parteiungen so misstrauisch und verhärmt, so verbittert und verbiestert, dass sie nicht mehr fähig waren, für eine erträgliche Gemeinsamkeit zu sorgen. Fanatische Anhängerschaft für die Seite der Österreicher oder für die der Franzosen führte dazu, dass man aufeinander losging, als sei der anders denkende Nachbar aus dem nächsten Tal der eindeutige Abgesandte des Teufels. Georg Anton Vieli, ein feiner politischer Kopf und daneben ein etwas grober Verseschmied, hat ein Neujahrsgedicht auf dieses Jahr 1803 geschrieben, in welchem er die in heillosem Streit befangenen Bürger ermuntert, die Selbstzerfleischung doch endlich zu unterlassen und geduldig den Entscheidungsspruch Napoleons aus Paris abzuwarten: «Sur nossa sort Paris / Vegn gleiti dar gl'avis / Speronza buna – Über unser Los wird bald Paris den Schiedspruch fällen – hoffentlich wird es ein gutes Los sein!» Und falls es ein schweres werden sollte, dann möge man es dadurch erleichtern, dass man sich neu vertrage. «Lein pia perdunar, / Partidas far tschessar, / Viver perina – Lasst uns also die alten Fehler verzeihen, die blinden Anhängerschaften und falschen Zugehörigkeiten aufgeben, leben wir endlich im Frieden zusammen!» ruft der besorgte und kriegsgeprägte Mann den Hitzköpfen seiner Talschaft zu. Es ist eine jener merkwürdigen historischen Situationen, in welchen zumindest die Einsichtigen spüren, dass man untereinander nicht mehr weiterkommt. Das eigensüchtig häusliche Denken führt zu nichts Gutem mehr. Die Vernunft liegt längst nicht im Eigenen, sondern ist zu den Fremden übergelaufen, man hat sie schon verspielt und verloren. Da muss eben Napoleon Allotria treiben, damit die Eidgenossenschaft, ihre Untertanen und Zugewandten endlich sich zusammen raufen und zueinander finden. Es ist eine erstaunliche Lehre über Selbstbefangenheit und Selbstbehinderung, die uns Schweizern die Jahre zwischen 1798 und 1803 erteilen. Manchmal sind die eigenen Angelegenheiten so verwickelt und verfahren, dass man nichts so dringlich wie Hilfe von außen braucht. Wir kennen dies im Privaten, wir haben es auch im Politischen erfahren. Doch ein Salomon, der die Zerstrittenen einigt, oder ein Napoleon, der die Verfahrenen auf die Route der Vernunft zurück zwingt, sind nicht immer zur Stelle. Umso mehr hat man auf der Hut zu sein vor jenen gewachsenen Formen der Zugehörigkeit, die uns blind machen und am Ende ratlos lassen.

DIE SCHWEIZ UND DIE GLOBALEN HERAUSFORDERUNGEN
DER GEGENWART

Heute wünsche ich meinem Land vor allem die Fähigkeit und die Kraft, die einengenden Formen der Selbstbefangenheit zu überwinden, damit Menschen anderer Länder und Kulturen nicht fremd und ungefragt unter uns leben müssen. Es wäre jenes Glück der Zugehörigkeit, das unser Herz weit und unseren Kopf mutig macht. Man kann aber heute das Phänomen der Zugehörigkeit nicht national definieren. Wir leben in globalen Zusammenhängen. Dabei entdecken wir, dass unsere Welt so schön wie unvollkommen ist. Vielleicht hängt die Schönheit der Welt sogar damit zusammen, dass sie unvollkommen ist. Doch sobald wir beginnen, über unsere Lebensformen und ihre Folgen nachzudenken, entdecken wir Mängel, Widersprüche und ans Absurde grenzende Tollkühnheiten in unserem Verhalten. Wir leben gutgläubig und waghalsig in die Zukunft hinein. Im Hinblick auf den Fortbestand der Welt sind wir alles andere als sorgsam und klug. Wir vergeuden und verschleudern Ressourcen. Wir leben so, als kenne die Natur keine Grenzen, als sei sie unerschöpflich. Das heißt: Wir leben über unsere Verhältnisse. Und irgendwie ahnen wir, dass unsere Unvernunft den kommenden Generationen teuer zu stehen kommen könnte.

Andererseits: Wenn unser Planet nicht unendlich und nicht unerschöpflich ist, so ist es vielleicht doch unser Gehirn. Im Ausdenken von Alternativen, Verbesserungen, Anpassungen und Korrekturen scheinen wir unbegrenzt einfallsberechtigt zu sein. Unser Gehirn anerkennt keine Faits accomplis und keine diktierten Unveränderbarkeiten. Allenfalls als Ausgangssituation für neue Projekte. Was heute erbärmlich ist, braucht es morgen nicht auch noch zu sein. Wir sind nicht dazu da, um zum schlechten Zustand der Welt Ja und Amen zu sagen. Gegen den falschen Lauf der Welt müssen Alternativen ausgeheckt werden. Hier und heute. Sonst leben wir nicht nur über unsere Verhältnisse, sondern auch noch unter unseren Möglichkeiten. Und das wäre für denkende Wesen die noch größere Schande.

Die Folgen unseres verantwortungsblinden Draufloslebens sind bekannt und tragen Namen: die globale Erwärmung, das absehbare Ende nicht erneuerbarer Energien, der Kampf um die Verteilung der Ressource Wasser. Natürlich gibt es noch weitere moderne Plagen. Der Hunger in der Welt gehört dazu und die ungerechte Verteilung der Bildungs- und Aufstiegschancen. Wir leben meistens so wie die Bewohner von Platons Höhle: gefesselt von Gegebenheiten und Gewohnheiten und mit Bildern im Kopf, als sei das Leben so unveränderbar hinzunehmen, wie es uns nun einmal erscheint. Noch leben und atmen wir ja, noch haben wir Öl zum Heizen und Benzin zum

Fahren, noch scheint Wasser in Fülle aus guten Quellen zu gurgeln. Mit der individualistisch abgefederten Parole im Kopf «Après moi le déluge!» leben wir in unseren Breitengraden doch ziemlich gut! Wer muss denn gleich in noch besseren oder gar in der besten aller möglichen Welten leben!

Doch gibt es da etwas, das uns keine Ruhe lässt und in unserem Kopf bohrt und sticht. Wenn wir darauf achten, verstehen wir diese innere Stimme, die sagt: Finde dich niemals ab mit dem, was da ist! Forsche nach dem Besseren! Sage niemals nie! Gib nicht auf! Suche weiter! Lass dich nicht nur tragen und treiben! Wähle ein Ziel! Dann setze die Segel und halte Kurs! «Insolubilia» – unlösbare Probleme – gibt es nur, wenn wir sie uns als unlösbar einbilden. Der amerikanische Philosoph George Santayana soll gesagt haben: «Schwierig ist das, was sich sofort erledigen lässt; unmöglich das, was ein bisschen länger dauert.» Also machen wir uns sofort ans Schwierige. Und langfristig wollen wir uns das Unmögliche vornehmen. Der menschliche Wille, sich von Zwängen zu befreien, vermag beinah alles, wenn man diese Zwänge als Herausforderung und nicht als böses Schicksal versteht. Die besseren Lösungen darf man nicht durch Einfallslosigkeit und Müdigkeiten verspielen. Über verregnete Nachmittage zu jammern ist nicht das Höchste, zu dem der Mensch fähig ist.

Es gibt eine bemerkenswerte Passage in Nietzsches «Die fröhliche Wissenschaft», wo er darüber nachdenkt, dass es für lebensverändernde Erkenntnisse so etwas wie enthusiastische Vorstufen gibt, gleichsam Anlaufprogramme, um zu brauchbaren Ergebnissen vorzustoßen. Im Aphorismus 300 liest man: «*Vorspiele der Wissenschaft. – Glaubt ihr denn, dass die Wissenschaften entstanden und groß geworden wären, wenn ihnen nicht die Zauberer, Alchymisten, Astrologen und Hexen vorangelaufen wären als Die, welche mit ihren Verheißungen und Vorspiegelungen erst Durst, Hunger und Wohlgeschmack an verborgenen und verbotenen Mächten schaffen mussten? Ja, dass unendlich mehr hat verheißen werden müssen, als je erfüllt* werden kann, damit überhaupt Etwas im Reiche der Erkenntnis sich erfülle?»

Wir haben eine seltsame Neigung, Verkünder des Neuen als Phantasten, Träumer, Illusionisten und weltfremde Idealisten zu bezeichnen. Und klopfen ihnen mitleidig auf die Schulter. Doch was sagt uns Nietzsche? Um Geschmack zu finden an dem, was morgen möglich sein soll, braucht es kühnere Rechner als es die Buchhalter des Gegebenen je sein können. Es braucht Leute, die nicht nur die alten Spiele spielen wollen, mit schon bekannten Gewinnern und bekannten Verlierern. Die Karten sollen neu gemischt werden. Ja es sollen sogar neue Spiele gespielt werden, solche, für welche die Karten erst zu erfinden sind. Um der alten Kurzsichtigkeit, Ungerechtigkeit und Dummheit, die sich etabliert haben, den Kampf anzusagen, braucht es manchmal die Träumer und Hexenmeister, die Prophetinnen und Visionäre. Wir wollen sie uns nicht verbissen und berserkerisch denken, nicht weltfremd und gewalttätig, sondern klug und listig, mutig und berstend vor guten Einfällen. Sie sollen uns jene Spiele erfinden, bei denen alle Mitspieler am Ende gewinnen. Spiele ohne Betrogene und Düpierte, ohne Zu-Kurz-Gekommene und Enttäuschte. Warum soll dies nicht möglich werden, sobald wir uns nicht mit Schadensmeldungen abfinden?

Fast immer ist der erste Schritt noch nicht die Lösung, doch er ist die Voraussetzung für etwas, das sich erst allmählich abzeichnet. Von Terry Pratchett, dem Verfasser der *Scheibenwelt-Romane*, gibt es den herrlichen Spruch: «Am Anfang war nichts. Da sprach Gott: Es werde Licht. Da war immer noch nichts. Aber jetzt konnte man es sehen.» In der Tat: Man muss das Nichts zuerst sehen, um die Notwendigkeit zu begreifen, die Nichtslücke durch etwas zu füllen, das besser ist als nichts. Dieses Etwas kann ein Nützliches, Weiterbringendes sein. Zum Beispiel etwas, das in naher Zukunft weltweit sauberes Wasser schaffen würde, reine Luft und ausreichend Nahrungsmittel und Energie, um die Grundbedürfnisse aller zu decken.

In Europa leben wir mit Zugangsprivilegien zu beinah jeder Art von materiellem Reichtum. Damit decken wir nicht nur unsere Grundbedürfnisse, sondern leisten uns den Luxus und den Überfluss, der anscheinend zu einem guten Leben gehört. Wir sind Weltmeister in der Rechtfertigung unserer Lebensformen und geben sogar zu, dass wir bei genauer Analyse auf Kosten anderer leben. Der Verteilungskampf läuft vorläufig noch zu unseren Gunsten. Wir brauchen uns deswegen nicht ins Büßerhemd zu werfen. Doch dies als ererbtes Vorrecht westlicher Zivilisation anschauen, können wir auch nicht. Dass es uns gut geht in der global vernetzten Welt, darf nicht dazu führen, dass wir die Fehler im System übersehen. Im Kopf soll es unaufhörlich ticken: «O Mensch, gib acht!» Was heute gut scheint, ist es morgen vielleicht längst nicht mehr. Sei nicht denkfaul und korrigiere den Kurs, wenn das Verhängnis erkennbar wird. Wage den Sprung über das Bewährte hinaus. Packe zu, wo du eine Möglichkeit siehst!

DER SCHWEIZER BEITRAG

Sie sehen, ich bin zuversichtlich, dass auch die Schweiz, aufgrund ihrer historischen Erfahrungen und ihres heutigen Zustands zusammen mit ihren europäischen, aber ebenso mit weltweiten Partnern die Fragen der Zukunft mutig und intelligent anpacken wird. Fragt mich jemand: «Welche sind die Zukunftsprobleme der Schweiz?» antworte ich ohne zu zögern: «Die gleichen wie jene aller anderen Länder mit ähnlichem Lebensstandard.» Die wirklich gravierenden Probleme kann heute die Schweiz nicht allein, sondern nur gemeinsam mit ihren nahen und fernen Nachbarn lösen. Was nicht heißt, dass besondere historische Voraussetzungen nicht auch zu besonderen Lösungen und Praktiken befähigen könnten. Ich bin beispielsweise davon überzeugt, dass eine direktdemokratische politische Kultur zu einer hohen Sensibilität für das Gemeinwohl führen kann. Wie ich daran glaube, dass in einer so vielfältigen Medienlandschaft, wie die Schweiz sie kennt, der Kampf um Aufmerksamkeit und

Zustimmung dem populistischen Buhlen um blinde Anhängerschaft entgegen wirkt und letztlich zu einem Dialog unter Informierten und weiter Blickenden führen muss. Auch erachte ich eine Entscheidungsfindung in öffentlichen Angelegenheiten nach schweizerischem Muster mit Absprachen, Kompromissen und Verständigung unter Parteien und gesellschaftlichen Interessensverbänden nicht als eine defizitäre und korrupte Politik, sondern geradezu als eine Voraussetzung für das, was man einmal die «gentle society» genannt hat: eine Gesellschaft, in welcher die Beteiligten freundlich, respektvoll und tolerant miteinander umzugehen verstehen. Zudem entdecke ich mit Freude, dass die Sorgfaltspflicht im Umgang mit dem Leben und mit der Natur in der Schweiz wie im benachbarten Europa im Wachsen begriffen ist: ein Phänomen, das die Zugehörigkeit zur engeren Heimat bestärkt und die Zukunft des eigenen Landes in einem lebensfreundlichen Licht zeigt.

Dennoch wünsche ich mir, dass die Eigenheiten, Schrulligkeiten, Sonderbarkeiten und Widerborstigkeiten der Schweizerinnen und Schweizer möglichst lang erhalten bleiben. Ich bin dankbar und froh um gewisse helvetische Tugenden, welche Skepsis, Langsamkeit, Sparsamkeit, Beharrlichkeit und Unaufgeregtheit heißen. Man muss nicht bei jedem vorbeifahrenden Zug zum Trittbrettfahrer werden im Wahn, man verpasse ansonsten den Fortschritt. Man darf am Bestellen des eigenen Gartens weiterhin seine Freude haben. Wer das Eigene vernachlässigt und missachtet, ist nicht in besonderer Weise befähigt, sich um das Fremde zu kümmern. Man muss vielleicht doch zuerst ein Patriot sein, bevor man ein Weltbürger werden kann.

DER FILMEMACHER DANIEL SCHMID

Lassen Sie mich dazu noch eine Geschichte erzählen von einem vor zwei Jahren verstorbenen Freund. Er hieß Daniel Schmid und wurde für mich zum Prototyp eines weltoffenen Schweizers. Vor allem aber war er ein Träumer und Poet, der Filme über seine Heimat und über die große weite Welt machte. Seine Großmama sei am Pass gestanden, schrieb er einmal. Damit war nicht der Segnespass oberhalb von Flims hinüber ins Glarnerische gemeint, auch nicht der Kunkels- und nicht der Malojapass, sondern jene Schwelle, die in einem Hotel Küche und Speisesaal trennt, und damit zwei Reiche, in welchen es unterschiedliche Herrscher und Könige gibt: das Reich der Gastgeber und das Reich der Gäste.

Eine Schwelle ist ein magischer Ort des Übergangs. Aus der Kulturgeschichte wissen wir, dass viele Völker Schwellenrituale entwickelten und Schwellengottheiten verehrten, um Zuständigkeiten zu markieren und dennoch Austausch und Überschreitungen möglich zu machen. Religionen grenzten heilige Bezirke ab, an deren Übergängen Schwellenhüter standen, an denen niemand vorbeikam, es sei denn, er sei dazu berechtigt und komme in der richtigen Gesinnung.

Auch in der Kunst gibt es so etwas wie Schwellenhüter: scharfe Grenzwächter, welche die Ahnungslosen und Respektlosen aufhalten und abweisen, die Neugierigen und Einfühlsamen hingegen einwinken und einweisen. Sollte ich Daniel Schmid jene Rolle zuordnen, die er für mich am herrlichsten spielte, so wäre es die des Schwellenhüters an all jenen Pforten, Toren, Vorhängen und Schwellen, hinter denen das Geheimnis der Kunst beginnt. Daniel Schmid stand am Pass zwischen dem Reich der Phantasie und den Rätseln der Wirklichkeit. Er verschaffte denen, die nach bisher unzugänglichen Wahrnehmungen strebten, Einblick in die Dunkelkammern der menschlichen Seele. Er war ein Schwellenhüter wie seine Großmama. Nur blickte er nicht auf die Teller, die appetitanregend auf den Tisch der Gäste gelangen sollten, sondern er blickte prüfend uns an, ob wir hinreichend begehrlich seien, das Leben zu begreifen.

Ich lernte ihn erst spät näher kennen. Ein vertrauter Umgang ist er mir erst in seinen letzten Jahren geworden. Sils-Maria, Flims und Zürich: das sind die Orte, an denen ich ihm gelegentlich begegnet bin. Seine Filme hingegen sah ich in Berlin, in Paris, in New York. Als ich einmal in Los Angeles während eines mehrmonatigen Aufenthalts im Kinosaal einer Universität einen Film von ihm sah – ich kannte den Künstler persönlich erst flüchtig –, da hatte ich das Gefühl, ein Stück Heimat sei bei mir an der Pazifikküste vorbeigeflogen. Das hatte weniger mit dem Thema zu tun als mit dem Klang der Stimmen, dem Einsatz der Sprachen, mit einer ganz spezifischen Tonart seiner Geschichten, die mir damals aufgefallen ist. Was Heimat ist, kann man nur verstehen, wenn man all das mit bedenkt, was uns von der Heimat fort treibt und in die große Welt hinein. Hinein in den Dschungel der Städte, hinein in die Fremdheit anderer Lebensformen und anderer Sitten. Daniel Schmid war der fremdsüchtigste Graubündner, den ich je kannte – und gleichzeitig einer der glaubwürdigsten in seinen Vorlieben und Orientierungen im Vertrauten. Wie seine Stimme unverwechselbar von zärtlicher Rauheit war, so war auch sein Blick zwar prüfend und streng, doch von unglaublicher Schonung und Rücksicht für das zu Entdeckende.

Er liebte es, ein wenig Ungewissheit darüber aufkommen zu lassen, ob das, was er gerade erzählte, die Eingebung des Augenblicks oder aber eine alte Geschichte aus dem Fundus seiner Großmama sei. Oft hatte ich den Eindruck, seine Zuhörer seien die Expeditionskollegen bei einer Wanderung durch unbekannte Zonen seiner eigenen Gedanken. Ich glaube, er liebte die guten Zuhörer fast noch mehr als die guten Erzähler, weil immer noch so viel in ihm selber war, über das er zuwenig genau Bescheid wusste. Seine Freunde waren oft so etwas wie der Brecht'sche Zöllner, der im Offenlegen der Valuten dem auswandernden Weisen seine Klugheit, seine List und seine Liebenswürdigkeit abverlangt. Ja, es war ein großes Glück, einen Abend in seiner Nähe zu verbringen. Man zog immer beschenkt von dannen – im Ungewissen, was der Hüter der Schwellen nun aus dem Sack vergangener Geschichten und was aus jenem der noch offenen Wünsche hervorgeholt hatte.

Wir haben nicht professionell zusammen gearbeitet – und doch gab es eine kurze Phase, in welcher wir uns regelmäßig in der Blauen

Ente in Zürich in einem kleinen Kreis trafen, um eine Fernsehsendung zu planen. Er, der nicht nur wunderbare Filme und Operninszenierungen gemacht hatte, sondern auch als Künstler in der großen Welt und in der Welt der Großen die wilden Jahre erlebt hatte, schien uns damals der richtige Ratgeber zu sein für etwas, das erst erfunden werden musste. In der Erinnerung haften geblieben als Ergebnis dieser Gespräche ist mir eines: Er, der genau wusste, was das Provozieren, das Aufwühlen, das Schockieren, das Rebellieren und gewiss auch, was ein richtiger Skandal ist, war überhaupt nur noch an Poesie interessiert. An einer Art von listiger, indirekter, hinterhältiger Ästhetik. Épater le bourgeois: das war vielleicht einmal richtig und wichtig gewesen, inzwischen hatte die Kunst jedoch längst andere Zielprioritäten. «Die Leute müssen sich wundern können, sie müssen staunen, überrascht und verzaubert werden. Weshalb sollten sie sonst das Fernsehen andrehen?» Er hatte etwas von einem heiter gewordenen Zauberkünstler, der jetzt nicht mehr Schrecken über das Unheimliche seiner Kunst verbreiten wollte mit den Illusionen eines Magiers.

Eigentlich wollte er nur noch Verwunderung und Verzauberung erreichen, ein bisschen wie der alte Verdi, der nach Jahren der Dramen und Tragödien den wunderbaren Falstaff hinzauberte, so luftig und frisch, dass man nur glücklich sein kann vor so viel gekonnter Leichtigkeit und Heiterkeit. Die Komödie interessierte ihn am meisten, zwar nicht das platte schenkelklopfende Lachen, sondern die tiefsinnig komische Widersprüchlichkeit des Lebens, die doch das Beste ist, was wir haben, wenn wir ihrer ansichtig zu werden vermögen.

Daniel Schmid kämpfte zwar schon damals gegen die Unzulänglichkeiten des Lebens, gegen eine schleichend lebensbedrohliche Krankheit zumal, aber er suchte nicht mehr die Geschichten mit den erschütternden Schicksalsschlägen, sondern seine eigene listige Art der Wahrheit und der Weisheit. Skurril sind die Wege der Menschen, widersprüchlich und unbegreiflich komisch. Und genau dies will ein

Künstler sichtbar und hörbar machen. Ich nenne die Erlebnisse mit Daniel Schmid heute die «Kunstlehre der Blauen Ente.»

Auch wenn die Vorbereitung für einen Film jedes Mal eine Art Besteigung des Mount Everest für ihn war: Er hatte noch viele Geschichten in Petto, und ich weiß, dass er uns mit diesen Geschichten noch lange zum Staunen gebracht hätte. Denn er hatte Menschen um sich, die er liebte, und gerade diese hätte er gern mit seinen Geschichten weiter vergnügt. Wenn wir uns seine Filme heute ansehen, so entdecken wir, dass ihnen gar nichts fehlt, ja dass sie in ihrer Art rund und vollkommen sind. Ich habe kürzlich wieder *Hecate*, *Il bacio di Tosca* und *The Written Face* gesehen. Was für großartige, sorgfältige, subtile und zarte Annäherungen an ganz verschiedene Welten! Vielleicht war die Zärtlichkeit, mit welcher er sich der vergehenden Schönheit näherte, seine allergrößte Gabe und das wichtigste Geschenk, das er uns machte.

In *The Written Face* bringt er dem Zuschauer in berührender Weise eine ganz und gar fremde Welt nahe, ja er wagt sich selbst in diese hinein, ohne auch nur im geringsten ihr Geheimnis zu verletzen. Wir wohnen geradezu einem Hochamt des Kabuki-Theaters bei. Wir sind Zeugen von Schwellenübergängen der seltsamsten Art: der Schwellen zwischen den Geschlechtern, zwischen Altersstufen, zwischen Kulturen, zwischen unterschiedlichen Zeiten und Stilen. Der Mann, der im Kabuki-Theater eine Frau spielt, sagt, er wolle nicht eigentlich eine Frau spielen, sondern die Andeutung der Essenz einer Frau gestalten. Der Regisseur Daniel Schmid, der hier der Schwellenhüter der Kulturen ist, will uns nicht zu begeisterten Kabuki-Anhängern machen. Er will uns die Essenz der Schönheit vom Anderssein vor Augen führen. Und die Ohren kommen in den verführerischen Begegnungen von östlicher und westlicher Musik nicht zu kurz. Jedes Dämmerlicht, in das wir nach dem Sehen dieses Films je geraten, jedes Boot, auf das wir je noch steigen, wird uns die Geisha der Dämmerung in unserer Erinnerung zurückholen. Mehr kann Kunst, die ans Lebendige geht, nicht erreichen.

Ein Versprechen ist mir Daniel schuldig geblieben. Er wollte irgendwann noch einen Film drehen mit einer Geschichte, in welcher ein toter Sakristan einen bedeutenden Auftritt haben sollte. Diese Rolle hatte er mir versprochen, es wäre die Filmrolle meines Lebens geworden! Der Film wurde nicht gedreht. Sollte es im Paradies ein Wiedersehen geben und ich Daniel am Pass zum Reich der noch zu erfüllenden Wünsche antreffen, werde ich ihn um die Einlösung des Versprechens ersuchen.

BUMPERFATSCHA!

Soviel wollte ich Ihnen über die Schweiz sagen, damit Sie der Mut packt und Sie zu uns kommen. Ich habe Sie ganz am Anfang mit einer Geschichte über das Wort «Allegra!» zum Kommen ermuntert. Ich schließe meine Einladung in die Schweiz mit einer Geschichte über ein anderes bündnerromanisches Wort von besonderer Schönheit, auch wenn dieses Wort heute kaum mehr in Gebrauch ist. Es hat mit Esskultur und Essgewohnheiten zu tun.

Sie wissen ja: Man setzt sich nicht einfach an den Tisch und schlägt zu. Die gute Sitte erfordert, dass man sich unter Menschen anspricht, bevor man mit dem Essen beginnt. Man wünscht sich, jedenfalls in der westlichen Welt, einen guten Appetit. Das ist ein schöner Brauch, und Appetit ist zudem ein schönes Wort. Denn es hat mit Lust und Begehren etwas zu tun. Käme beim Essen keine Lust auf, wäre etwas ohnehin nicht so, wie es sein sollte.

Die Rätoromanen kannten früher einen noch merkwürdigeren Wunsch, bevor sie mit dem Essen begannen. In alten Zeiten, bevor das internationale «bun appetit» auch bei ihnen Einzug hielt, wünschte man sich in rätischen Landen «bumperfatscha». Hinter dem Wort verbirgt sich ein lateinisches «bonum per faciem». Damit sagte man: So gut soll das Essen sein, dass man seine Güte auf deinem Gesicht sehen kann! Das Gesicht des Essenden sollte zum Spiegel werden für die Liebe, die Sorgfalt, ja die Kunst derjenigen, die das Essen zubereitet hatten. Mit dem ersten Bissen – wenn er denn gut war – erheiterte sich das Gesicht der Essenden. Das Mahl wurde zum freudigen Ereignis, und jeder konnte es den Gesichtern der am Tisch Versammelten ansehen.

Die Rätoromanen essen auch heute noch gern gut. Darin unterscheiden sie sich nicht von Feinschmeckern anderer Kulturen. Doch das Wort «bumperfatscha» ist bei ihnen ganz außer Gebrauch geraten. Junge Rätoromaninnen und Rätoromanen verstehen es gar nicht mehr. Aber wäre es nicht schön für alle, die sich Mühe geben, den Gästen das Bestmögliche aufzutischen, wenn den Gesichtern der Tafelnden nicht nur der Hunger und nicht nur die Lust und die Begehrlichkeit abzulesen wären, sondern dazu die strahlende Mitteilung «bumperfatscha»: Dein Essen schmeckt mir herrlich – schau mein Gesicht an, es sagt dir alles!

Vieles kommt uns abhanden im Leben, und gewiss nicht nur Wörter. Doch Geschichten können wir weiter erzählen, sogar über Menschen, die nicht mehr leben, und über Wörter, die vergessen sind.

Lassen Sie mich wissen, wann Sie in Zürich ankommen. Ich hole Sie ab.

ZEITTAFEL ZUR GESCHICHTE DER EIDGENOSSENSCHAFT

1291	Bündnis zwischen Uri, Schwyz und Nidwalden zur Sicherung gemeinsamer Interessen und Abwehr fremder, vor allem habsburgischer Einflussnahme.
1315	Sieg der Verbündeten bei Morgarten über das Heer Herzog Leopolds I. von Österreich.
1332–1353	Der Bund der Eidgenossen vergrößert sich auf 8 Orte. Neu hinzu kommen Luzern, Zürich, Glarus, Zug und Bern.
1370	Pfaffenbrief. Versuch einheitlicher Friedens- und Disziplinierungsregelungen innerhalb der Eidgenossenschaft.
1386–1388	Die Eidgenossen siegen in den Schlachten von Sempach und Näfels gegen die Österreicher.
1393	Sempacherbrief. Die Eidgenossen geben sich eine Kriegsordnung.
1403–1408	Appenzellerkriege. Appenzell wird 1411 in das Burg- und Landrecht der eidgenössischen Orte aufgenommen.
1415	Weitere Gebietseroberungen auf Kosten der Habsburger. Die ersten Gemeinen Herrschaften entstehen.
1422	Niederlage bei Arbedo gegen den Herzog von Mailand. Die ab 1403 beherrschte Levantina geht wieder verloren.
1440–1446	Alter Zürichkrieg. Zürich wird auf die eidgenössische Option festgelegt.
1474–1478	Burgunderkrieg gegen Karl den Kühnen von Burgund. Die Eidgenossenschaft wird zu einer militärischen Großmacht.
1481	Stanser Verkommnis. Ausgleich der Gegensätze zwischen Stadt- und Landorten.
1499	Schwabenkrieg. Die Eidgenossen werden von den Reichsreformen Maximilians I. ausgenommen.
1501–1513	Basel, Schaffhausen und Appenzell werden Teil der Eidgenossenschaft.

1515	Niederlage von Marignano. Ende der eidgenössischen Expansionspolitik.
1523–1531	Die Reformation spaltet die Schweiz in zwei konfessionelle Lager, die sich erbittert bekämpfen. In den beiden Kappeler Kriegen können die katholischen schließlich die reformierten Orte besiegen. Die konfessionelle Spaltung der Schweiz wird festgeschrieben.
1597	Appenzell teilt sich in das katholische Innerrhoden und das reformierte Außerrhoden.
1617–1639	Bündner Wirren. Blutige Auseinandersetzungen zwischen den Konfessionsparteien unter Beteiligung der Großmächte.
1648	Im Westfälischen Frieden erhält die Eidgenossenschaft die formelle Unabhängigkeit vom Heiligen Römischen Reich Deutscher Nation.
1653	Blutige Niederschlagung eines Bauernaufstandes.
1656	Erster Villmerger Krieg. Sieg der katholischen Orte bestätigt den Status quo.
1712	Im zweiten Villmerger Krieg siegen die reformierten Orte. Die Vorherrschaft der katholischen Orte geht zu Ende.
1798–1802	Zeit der Helvetischen Republik. Unter französischer Vorherrschaft wird die Schweiz zu einem Zentralstaat mit starker Exekutive umgestaltet. Vor allem in der Innerschweiz Ablehnung der neuen Ordnung.
1803	Nach inneren Unruhen erhält die Schweiz auf Druck Napoleons eine Mediationsverfassung, die den Kantonen wieder eine gewisse Eigenständigkeit einräumt.
1815	Der Wiener Kongress erkennt die immerwährende Neutralität der Schweiz an. Die Kantone vereinbaren eine neue Bundesverfassung. Es beginnt die Restaurationszeit.
1830/31	Unter dem Eindruck der französischen Julirevolution werden in zehn Kantonen liberale Verfassungen eingeführt. Die Spannungen zwischen liberalen und konservativen Kantonen nehmen zu.
1847	Sonderbundskrieg. Nach einem kurzen Feldzug kapitulieren die katholisch-konservativen Kantone.
1848	Die Schweiz erhält ihre moderne Bundesverfassung. Es beginnt die Vorherrschaft der Liberalen.
1874	Revision der Bundesverfassung stärkt die Bundeskompetenzen.
1891	Die katholisch-konservative Opposition erhält erstmals einen Sitz im Bundesrat.
1912	Krankheits- und Unfallversicherung der Arbeiter wird eingeführt.
1914–1918	Während des Ersten Weltkriegs bleibt die Schweiz neutral, ist aber

einer inneren Zerreißprobe ausgesetzt, da die Deutschschweizer
mit Deutschland, die Westschweizer aber mit Frankreich sympathi-
sieren.

1918   Ein landesweiter Generalstreik mit den Zielen Proporzwahl,
Frauenstimmrecht, 48-Stunden-Woche und Einführung einer Alters-
und Invalidenversicherung wird im November gewaltsam beendet.

1919   Der Nationalrat wird erstmals nach Proporzwahlrecht gewählt.
Die Vorherrschaft der Freisinnigen geht zu Ende. Einführung des
Acht-Stunden-Tages.

1920   Beitritt der Schweiz zum Völkerbund, der seinen Sitz in Genf erhält.

1938   Rätoromanisch wird vierte Landessprache der Schweiz.

1939–1945   Auch während des Zweiten Weltkrieges bleibt die Schweiz neutral.
Um sich vor einem deutschen Angriff zu schützen, arbeitet das
Land jedoch in finanzieller, aber auch in wirtschaftlicher Hinsicht
mit den Nationalsozialisten zusammen. Eine restriktive Flüchtlingspolitik versperrt vielen Juden den Fluchtweg in die Schweiz.

1943   Zum ersten Mal sind die Sozialdemokraten im Bundesrat vertreten.

1947   Die Alters- und Hinterlassenenversicherung wird eingeführt.

1959   Die Zusammensetzung des Bundesrats erfolgt erstmals nach
der «Zauberformel» zur Sitzverteilung zwischen den vier großen
Parteien.

1960   Die Schweiz ist Gründungsmitglied der Freihandelszone EFTA.

1963   Die Schweiz tritt dem Europarat bei.

1971   Einführung des Frauenwahlrechts auf Bundesebene.

1972   Das Dreisäulenprinzip der Altersversorgung wird in der Bundesverfassung verankert.

1979   Jura wird 23. Kanton der Eidgenossenschaft.

1984   Die erste Frau wird in den Bundesrat gewählt.

1992   Eine Volksabstimmung über den Beitritt zum Europäischen
Wirtschaftsraum scheitert. In der Folge schlägt die Schweiz den
bilateralen Weg ein und schließt mehrere Abkommen mit der EU.

2002   Beitritt der Schweiz zu den Vereinten Nationen.

2005   Die Schweizer stimmen per Volksabstimmung dem Beitritt zum
Schengener/Dubliner Abkommen zu.

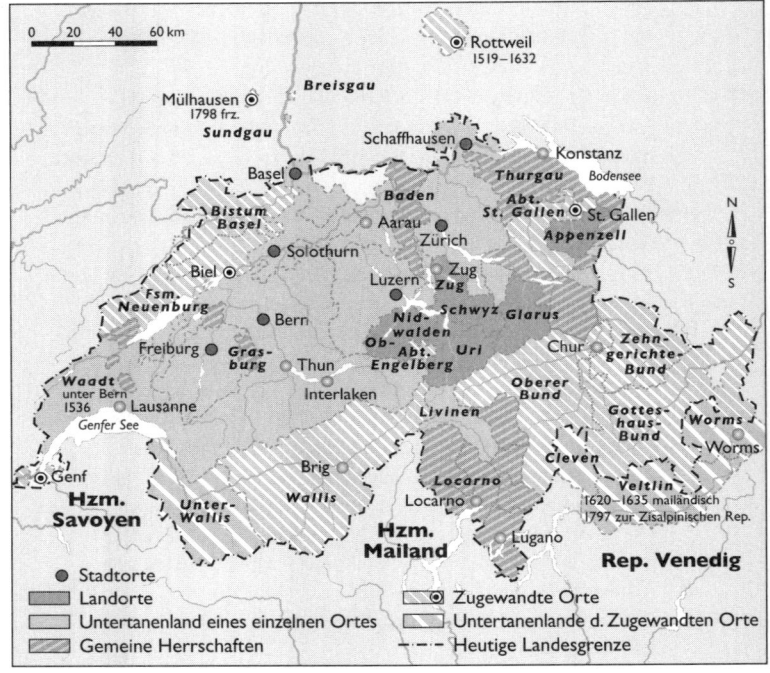

Die Eidgenossenschaft 1536 bis 1798

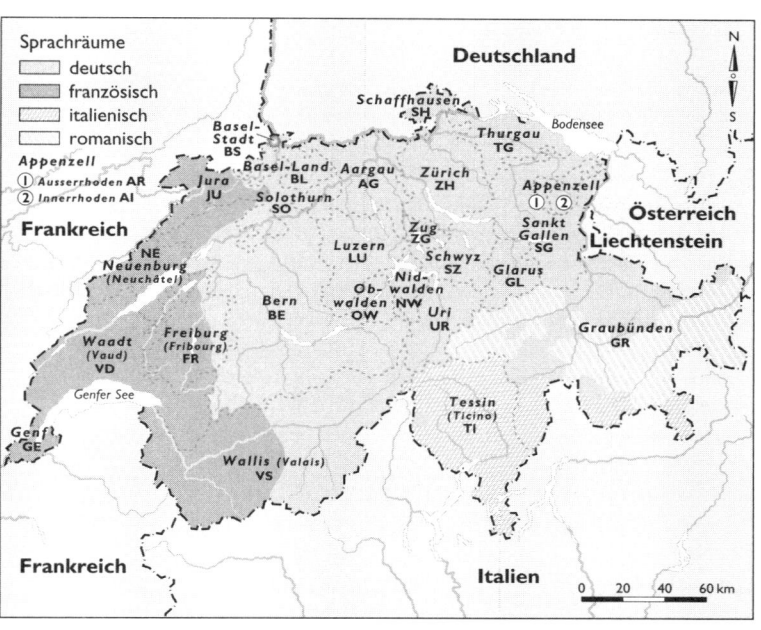

Politische und sprachliche
Gliederung der Schweiz 1998

LITERATURHINWEISE

Altwegg, Jürg: Ach, du liebe Schweiz. Essay zur Lage der Nation. Zürich 2002.

Altwegg, Jürg / de Weck, Roger (Hg.): Kuhschweizer und Sauschwaben. Zürich 2003.

Cesana, Angelo (Hg.): Glückliche Schweiz. Ein Kulturbild. München 1976.

Chronik der Schweiz: Ex Libris. Zürich/Dortmund 1987.

Dürrenmatt, Friedrich: Meine Schweiz. Ein Lesebuch. Zürich 1998.

Frauchiger, Urs: Entwurf Schweiz. Anstiftung zur kulturellen Rauflust. Zürich 1995.

Gesellschaft Minderheiten in der Schweiz (GMS) und Stiftung gegen Rassismus und Antisemitismus (GRA), Hg.: Rassismus in der Schweiz. Chronologie und Einschätzungen der rassistischen Vorfälle in der Schweiz. Ausgabe 2007.

Küng, Thomas: Gebrauchsanweisung für die Schweiz. München 2006.

Kuntz, Joëlle: L'histoire suisse en un clin d'oeil. Genève 2006.

Isermann, Ingrid (Hg.): ch.eese. Eine Zeitreise durch die Schweiz. Zürich 2000.

Leuenberger, Moritz: Lüge, List und Leidenschaft. Ein Plädoyer für die Politik. Zürich 2007.

Lienert, Meinrad: Schweizer Sagen und Heldengeschichten. Wiesbaden 2006.

Loetscher, Hugo: Lesen statt Klettern. Aufsätze zur literarischen Schweiz. Zürich 2003.

Obermüller, Klara (Hg.): Wir sind eigenartig, ohne Zweifel. Die kritischen Texte von Schweizer Schriftstellern über ihr Land. Zürich 2003.

Reinacher, Pia: Je Suisse: Zur aktuellen Lage der Schweizer Literatur. Zürich 2003.

Rusterholz, Peter / Solbach, Andreas (Hg.): Schweizer Literaturgeschichte. Stuttgart 2007.

Sablonier, Roger: Gründungszeit ohne Eidgenossen. Politik und Gesellschaft in der Innerschweiz um 1300. Baden 2008.

Schläpfer, Franziska: Schweizer Lexikon der populären Irrtümer. Missverständnisse und Vorurteile von Alpenklübler bis Zwingli. München 2006.

Schwanitz, Dietrich / Denzel, Angela: Schweiz: Liebesprobe jenseits der Baumgrenze. München 2000.

Die Schweiz in ihrer Vielfalt – Natur, Bevölkerung, Staat, Wirtschaft, Kultur: Bern, Ausgabe 2007/2008.

Vollenweider, Alice (Hg.): Schweizer Reise. Literarischer Reiseführer durch die heutige Schweiz. Berlin 1993.

von Matt, Peter: Die tintenblauen Eidgenossen. Über die literarische und politische Schweiz. München 2001.

Widmer, Paul: Die Schweiz als Sonderfall – Grundlagen, Geschichte, Gestaltung. Zürich 2007.

© Verlag C. H. Beck oHG, München 2008
Gestaltung und Satz: a.visus, Michael Hempel, München
Gesetzt aus Stone und Gill
Druck und Bindung: CPI – Ebner & Spiegel, Ulm
Gedruckt auf säurefreiem, alterungsbeständigem Papier
(hergestellt aus chlorfrei gebleichtem Zellstoff)
Printed in Germany
ISBN 978 3 406 57856 4

www.beck.de